새 편집

입학준비

수학

처음학

배우기

기획 : 와이앤엠 편집부

와이 앤 엠

차 례

1. 5까지의 수

수	읽기	쓰기	그림
1	일 하나	1	
2	이 둘	2	
3	삼 셋	3	
4	사 넷	4	
5	오 다섯	5	

⭐ 1부터 5까지의 수를 써 보시오.

수	따라 쓰기

| 1 | 1 | 1 | 1 | 1 | 1 | 1 | 1 |

| 2 | 2 | 2 | 2 | 2 | 2 | 2 | 2 |

| 3 | 3 | 3 | 3 | 3 | 3 | 3 | 3 |

| 4 | 4 | 4 | 4 | 4 | 4 | 4 | 4 |

| 5 | 5 | 5 | 5 | 5 | 5 | 5 | 5 |

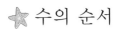 수의 순서

(1)서로 알맞은 것끼리 연결 하시오.

| 3 | 1 | 2 | 5 | 4 |

| 일 | 삼 | 오 | 이 | 사 |

(2)아래 수를 순서대로 늘어놓으시오.

2 5 4 1 3

(3)수를 따라쓰면서 익혀 보시오.

일	일	일	일	일
이	이	이	이	이
삼	삼	삼	삼	삼
사	사	사	사	사
오	오	오	오	오
하나	하나	하나	하나	하나
둘	둘	둘	둘	둘
셋	셋	셋	셋	셋
넷	넷	넷	넷	넷
다섯	다섯	다섯	다섯	다섯

2. 6에서 9까지의 수

⭐ 6에서 9까지의 수를 읽어 보시오.

수	읽기	쓰기	그림
6	육 여섯	6	
7	칠 일곱	7	
8	팔 여덟	8	
9	구 아홉	9	

☆ 6에서 9까지의 수를 써 보시오.

수	따라 쓰기

| 6 | 6 | 6 | 6 | 6 | 6 | 6 |

| 7 | 7 | 7 | 7 | 7 | 7 | 7 |

| 8 | 8 | 8 | 8 | 8 | 8 | 8 |

| 9 | 9 | 9 | 9 | 9 | 9 | 9 |

⭐ 9까지 따라 써 보시오.

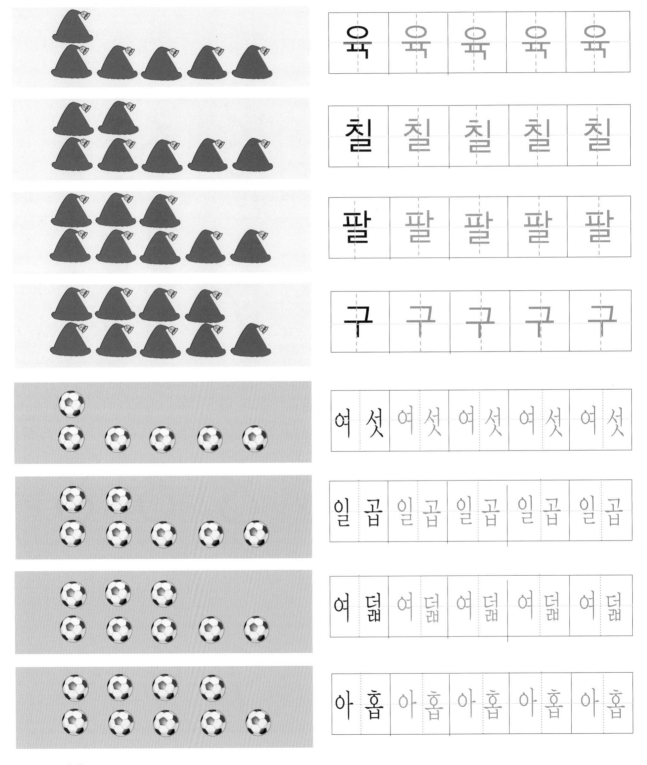

| 육 | 육 | 육 | 육 | 육 |

| 칠 | 칠 | 칠 | 칠 | 칠 |

| 팔 | 팔 | 팔 | 팔 | 팔 |

| 구 | 구 | 구 | 구 | 구 |

| 여섯 | 여섯 | 여섯 | 여섯 | 여섯 |

| 일곱 | 일곱 | 일곱 | 일곱 | 일곱 |

| 여덟 | 여덟 | 여덟 | 여덟 | 여덟 |

| 아홉 | 아홉 | 아홉 | 아홉 | 아홉 |

★ 수의 순서 익히기

(1) 서로 알맞은 것끼리 연결 하시오.

| 8 | 6 | 7 | 9 |

| 육 | 팔 | 칠 | 구 |

(2) 수를 아래에 순서대로 써 보시오.

7   9   6   8

☆ 오른쪽 빈칸에 왼쪽 그림과 같은 수만큼 칠을 하시오.

(1)

(2)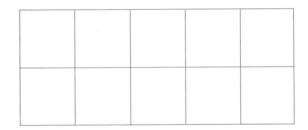

(3)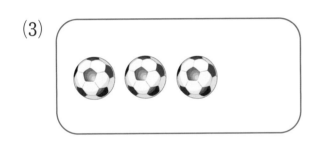

(4)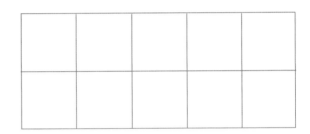

(5)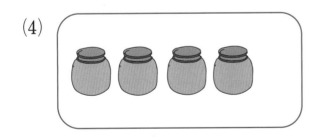

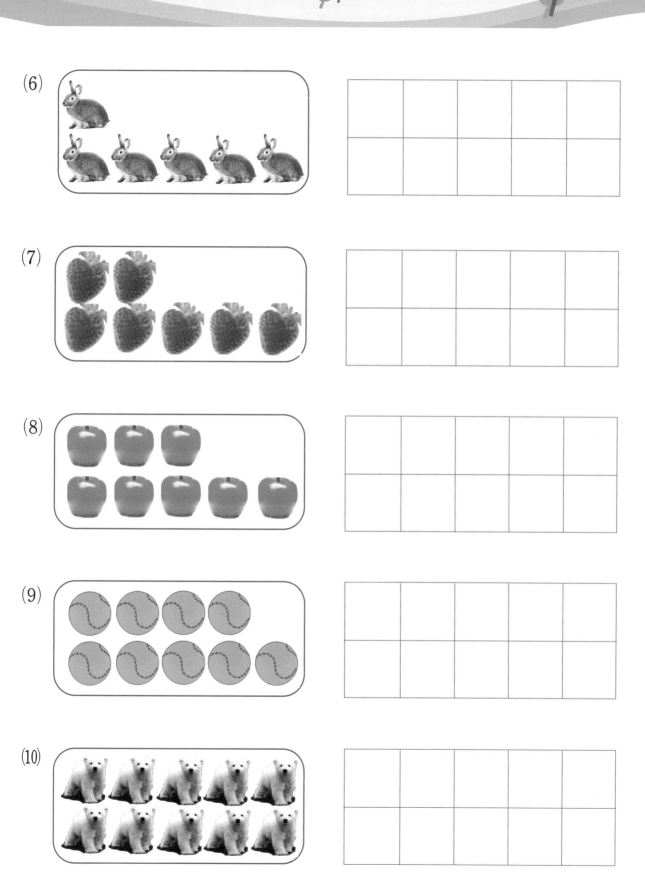

(6)

(7)

(8)

(9)

(10)

13

★ 10에서 19까지의 수를 순서대로 따라가 보시오.

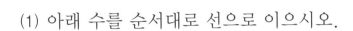

(1) 아래 수를 순서대로 선으로 이으시오.

1   2   6

3   4   5   7

(2) 아래 수를 뒤의 순서(역순서)대로 선으로 이으시오.

7   9

6

3

5   4   8

(3) 아래 수를 순서대로 선으로 이으시오.

이   삼   사

팔

오   육   칠

(4) 아래 수를 뒤의 순서(역순서)대로 선으로 이으시오.

삼   이   칠

사   육

오   팔

★ 빈칸에 알맞은 수를 써 넣으시오.

(1)

(2)

(3)

| 3 | 4 | □ | □ | 7 |

(4)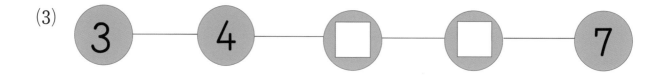

(5)

★ 빈칸에 알맞은 수를 써 넣으시오.

(1) 이 — □ — 사 — □ — 육

(2) □ — 오 — □ — 칠 — □

(3) 오 — □ — □ — 팔 — □

(4) 하나 — □ — 셋 — 넷 — □

(5) 여섯 — □ — □ — 아홉 — 열

3.수의 크기 비교

★ 작은 수에 ○표를 해 보시오.

(1) 5 —— 3

(6) 9 —— 6

(2) 8 —— 3

(7) 6 —— 2

(3) 6 —— 7

(8) 7 —— 3

(4) 2 —— 3

(9) 3 —— 8

(5) 5 —— 8

(10) 9 —— 4

★ 큰 수에 ○표를 해 보시오.

(1) 1 —— 4

(8) 9 —— 8

(2) 2 —— 6

(9) 2 —— 1

(3) 6 —— 2

(10) 7 —— 2

(4) 8 —— 5

(11) 2 —— 9

(5) 4 —— 9

(12) 8 —— 6

(6) 5 —— 7

(13) 4 —— 2

(7) 2 —— 6

(14) 2 —— 5

다음은 몇 개인지 빈칸에 쓰시오.

(1)

	개

(2)

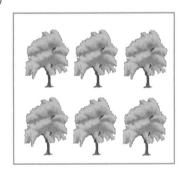  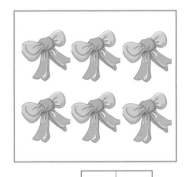

	개

(3)

 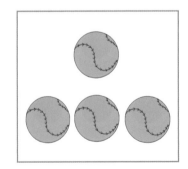 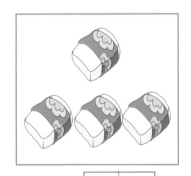

	개

(4)

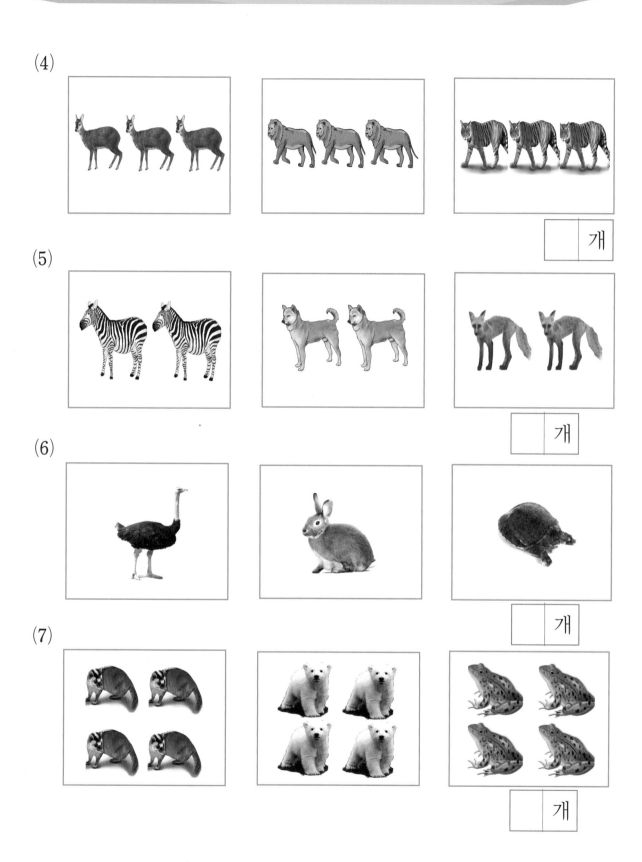

개

(5)

개

(6)

개

(7)

개

23

★ 서로 알맞은 것끼리 선으로 연결하시오.

(1)

4

이

(2)

2

삼

(3)

1

일

(4)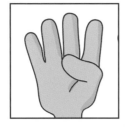

3

사

(5) 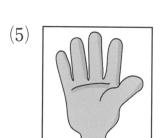   팔   6

(6) 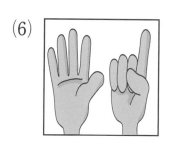   육   5

(7) 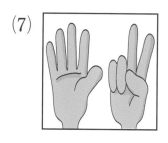   구   8

(8) 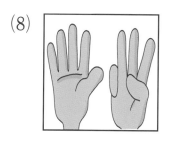   오   9

(9) 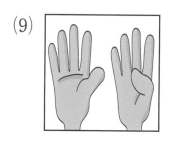   칠   7

⭐ 차례 익히기

(1) 〈가방〉은 몇 번째일까요? 알맞은 것에 ○표를 하시오.

첫째, 둘째, 셋째, 넷째, 다섯째, 여섯째

(2) 〈고추〉는 몇 번째일까요? 알맞은 것에 ○표를 하시오.

첫째, 둘째, 셋째, 넷째, 다섯째, 여섯째

(3) 〈시계〉는 몇 번째일까요? 알맞은 것에 ○표를 하시오.

첫째, 둘째, 셋째, 넷째, 다섯째, 여섯째

(4) 〈감〉은 몇 번째일까요? 알맞은 것에 ○표를 하시오.

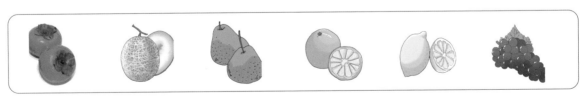

첫째, 둘째, 셋째, 넷째, 다섯째, 여섯째

⑸ 〈사자〉는 몇 번에 있나요? 알맞은 것에 ○표를 하시오.

1번, 2번, 3번, 4번, 5번, 6번

⑹ 〈할머니〉는 몇 번에 있나요? 알맞은 것에 ○표를 하시오.

1번, 2번, 3번, 4번, 5번, 6번

⑺ 〈자전거〉는 몇 번에 있나요? 알맞은 것에 ○표를 하시오.

일번, 이번, 삼번, 사번, 오번, 육번

⑻ 〈피자〉는 몇 번에 있나요? 알맞은 것에 ○표를 하시오.

일번, 이번, 삼번, 사번, 오번, 육번

★ 수의 크기 알아보기

두 수의 크기를 비교하여 ■ 안에 > , < 를 알맞게 써넣으시오.

(1)

(2)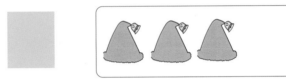

(3)

(4)

(5)

(6)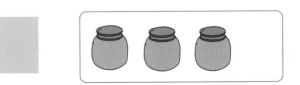

(7) 5보다 큰 수에 ○표를 하시오.

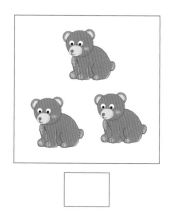 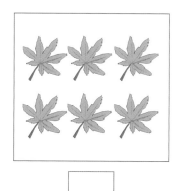 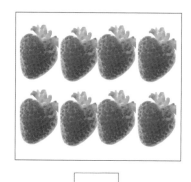

(8) 4보다 큰 수에 ○표를 하시오.

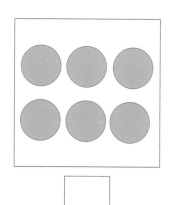  

(9) 7보다 큰 수에 ○표를 하시오.

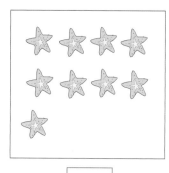 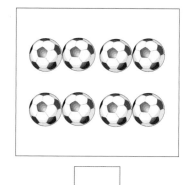 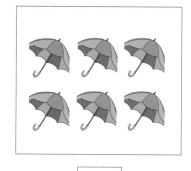

★ 두 수의 크기를 비교하여 ◯ 안에 > , < 를 알맞게 써넣으시오.

6 > 4   5 < 9

(1) 2 ◯ 3

(2) 8 ◯ 4

(3) 4 ◯ 6

(4) 1 ◯ 9

(5) 9 ◯ 5

(6) 3 ◯ 2

(7) 7 ◯ 2

(8) 5 ◯ 3

(9) 6 ◯ 4

(10) 8 ◯ 3

(11) 2 ◯ 7

(12) 6 ◯ 3

(1) 5보다 큰 수에 모두 ○표를 해 보시오.

2

7

4

6

3

(2) 6보다 큰 수에 모두 ○표를 해 보시오.

8

9

5

2

7

4

3

★ 보기와 같이 ⬤ 원 안의 수보다 작은 수와 큰 수를 써 넣으시오.

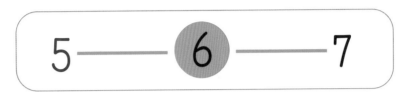

(1)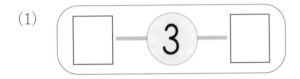

(2)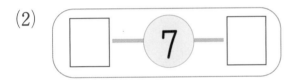

(3)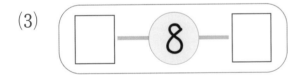

(4)

(5)

(6)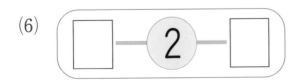

(7)

(8)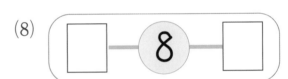

(9)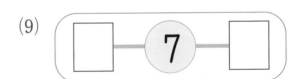

(10)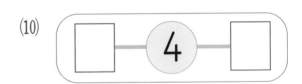

(11)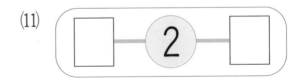

(12)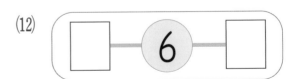

☆ 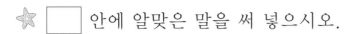 안에 알맞은 말을 써 넣으시오.

(1)

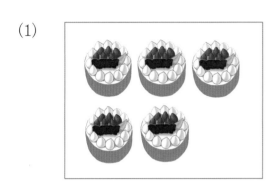

☐ 는 ☐ 보다 많습니다.

(2)

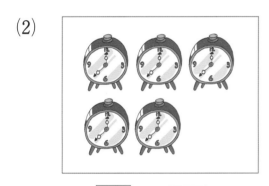

☐ 는 ☐ 보다 많습니다.

(3)

☐ 는 ☐ 보다 많습니다.

4.여러 가지 모양

⭐ 우리 주변에 어떤 모양이 있는지 알아 봅시다.

⭐ 여러 모양을 살펴 보세요.

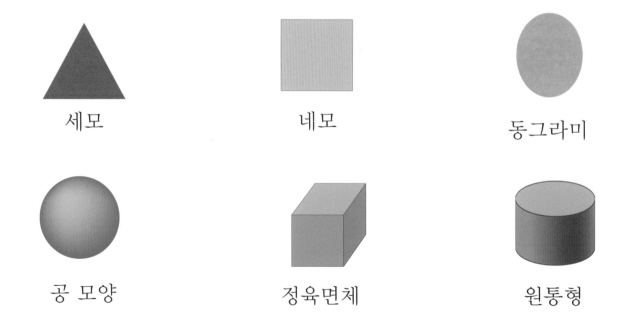

세모	네모	동그라미

공 모양	정육면체	원통형

☆ 왼쪽과 같은 모양에 ○표 하시오.

(1)

〔　〕　　　　　〔　〕　　　　　〔　〕

(2)

〔　〕　　　　　〔　〕　　　　　〔　〕

(3)

〔　〕　　　　　〔　〕　　　　　〔　〕

(4)

〔　〕　　　　　〔　〕　　　　　〔　〕

☆ 아래 모양은 어떤 규칙이 있는 지 설명해 보시오.

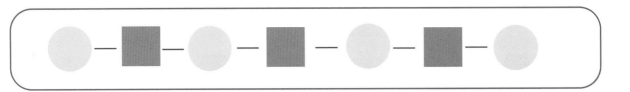

☆ ☐ 안에 어떤 모양을 놓아야 합니까?

(1)

(2)
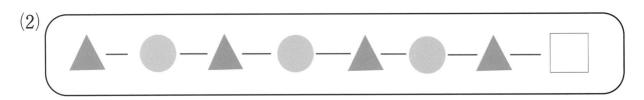

(3)
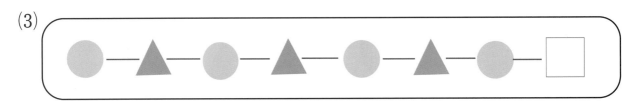

(4)
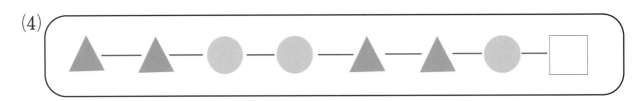

(5)

(6) 지금까지 본 규칙에 따라 다음 빈 칸을 채워 봅시다.

□	○	△	□	○	

(7) □ 규칙에 따라 빈 곳에 색칠을 하시오.

★ 다음 모양을 보고 물음에 답하시오.

(1) 어떤 모양으로 만든 것인지 그 아래 표를 하시오.

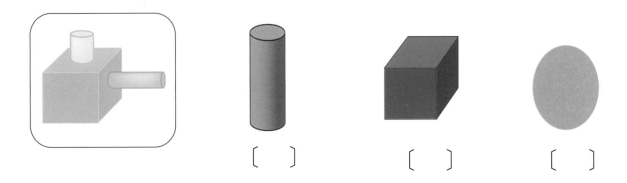

〔　〕　　　　　〔　〕　　　　　〔　〕

(2) 어떤 모양으로 만든 것인지 그 아래 표를 하시오.

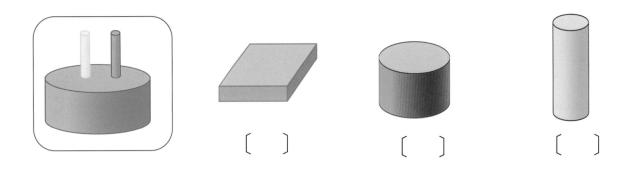

〔　〕　　　　　〔　〕　　　　　〔　〕

(3) 어떤 모양으로 만든 것인지 그 아래 표를 하시오.

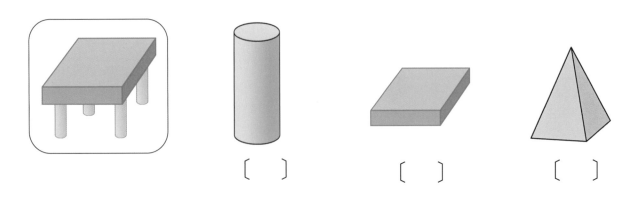

〔　〕　　　　　〔　〕　　　　　〔　〕

(4) 왼쪽 그림과 같은 것에 ○표 하시오.

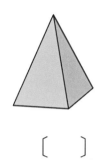
〔　〕

〔　〕

〔　〕

(5) 왼쪽 그림과 같은 것에 ○표 하시오.

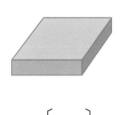
〔　〕

〔　〕

〔　〕

(6) 왼쪽 그림과 같은 것에 ○표 하시오.

〔　〕

〔　〕

〔　〕

5.수 모으기

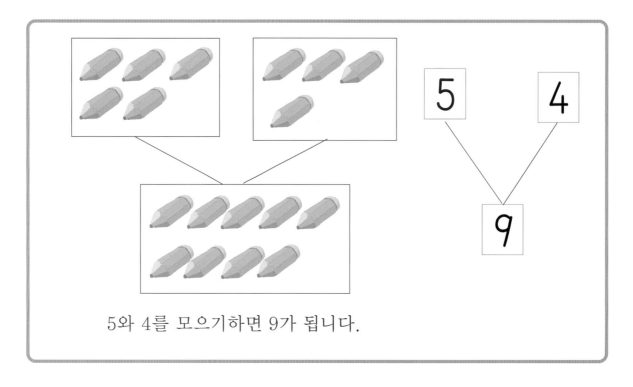

5와 4를 모으기하면 9가 됩니다.

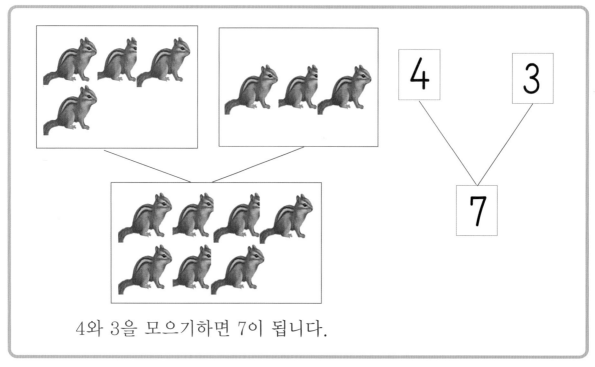

4와 3을 모으기하면 7이 됩니다.

☆ 그림을 보고 두 수를 모으기 해 보시오.

(1)

(2)

(3)

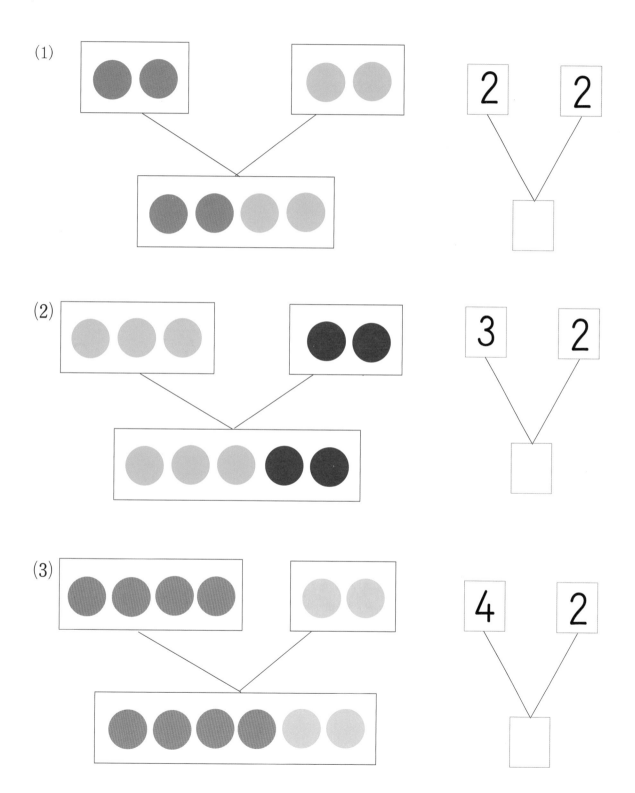

☆그림을 보고 두 수를 모으기 해 보시오.

(1)

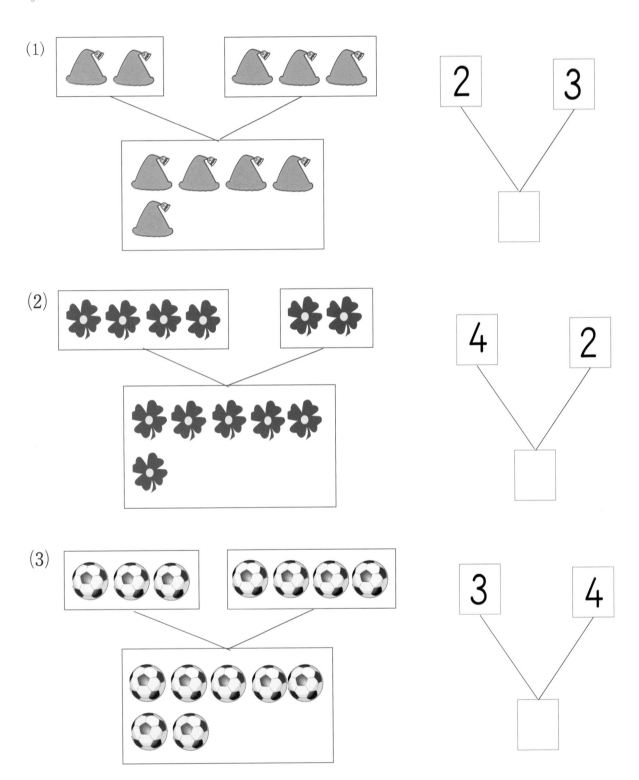

(2)

(3)

★ 10이 되도록 모을 수 있습니다.

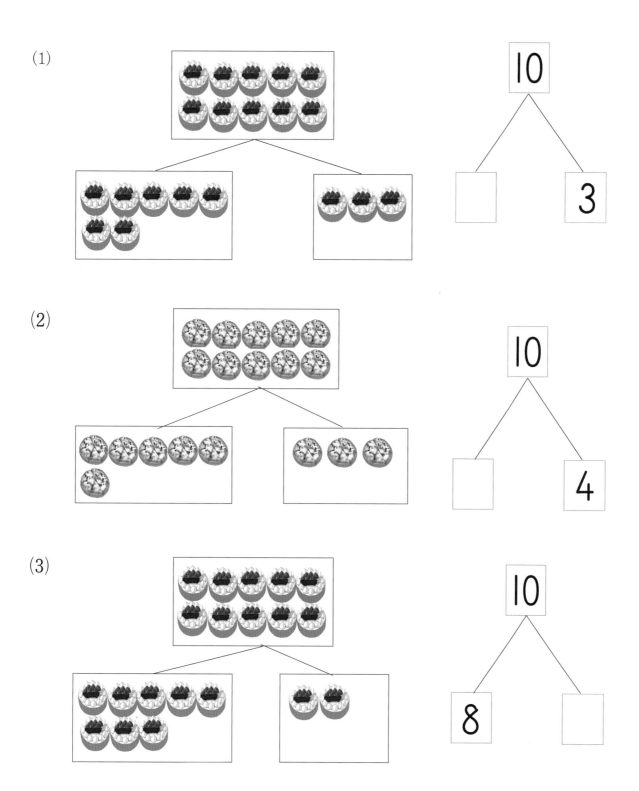

(1)

10
⬜ 3

(2)

10
⬜ 4

(3)

10
8 ⬜

43

★ 그림을 보고 빈칸에 알맞은 수를 써 넣으시오.

(1)

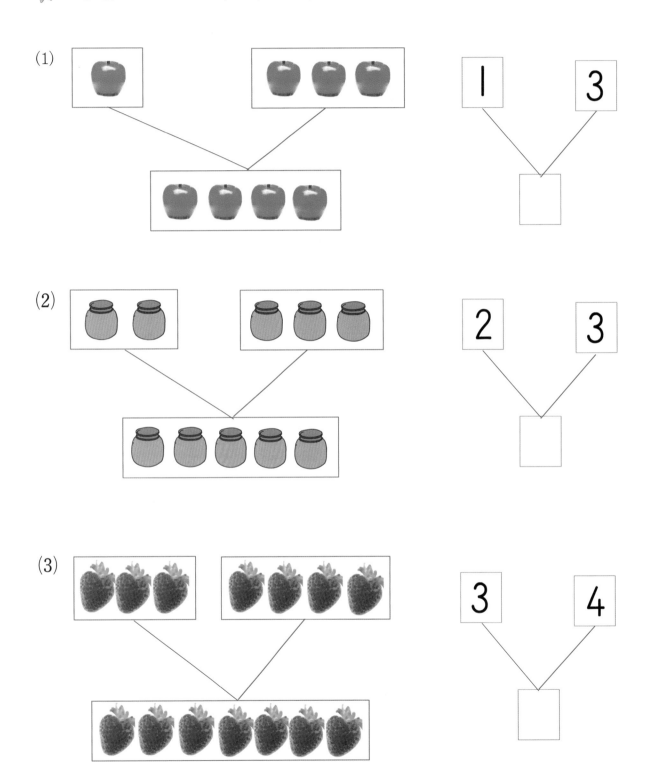

☆그림을 보고 빈칸에 알맞은 수를 써 넣으시오.

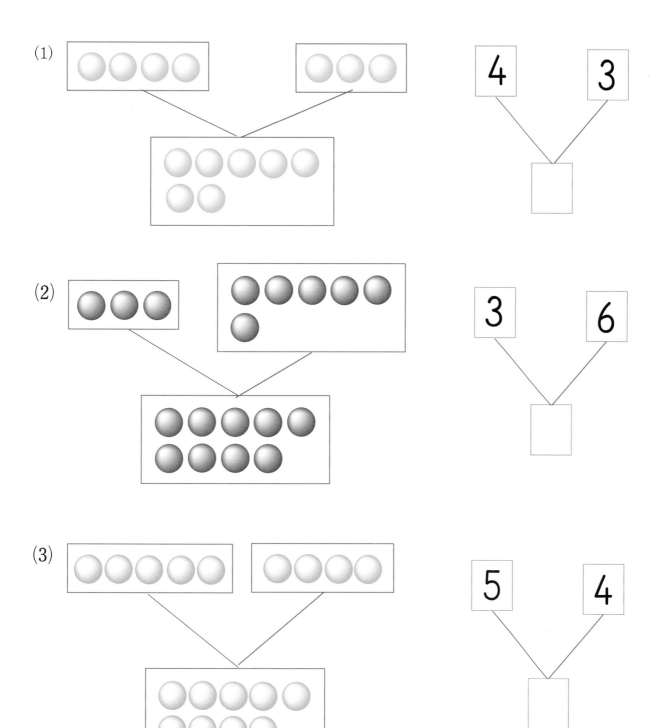

⭐두 수의 그림을 모아서 6이 되는 것끼리 선으로 연결해 보세요.

(1)

 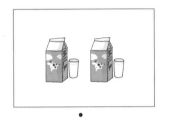 

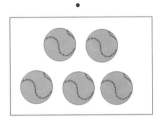  

(2)

  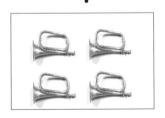

★그림을 보고 빈칸에 알맞은 수를 써 넣으시오.

(1)
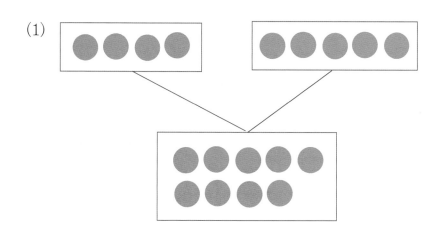
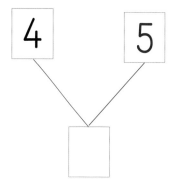

(2)
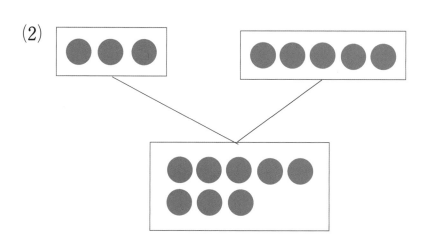
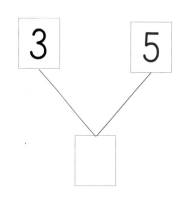

(3)
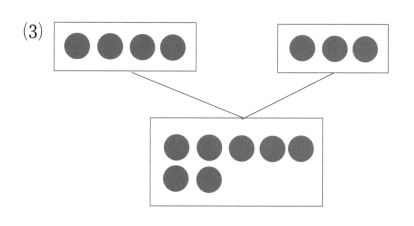
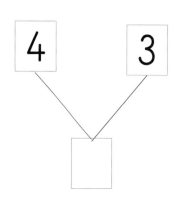

6.수 가르기

★ 보기와 같이 아래 빈칸에 알맞은 수를 써넣으시오.

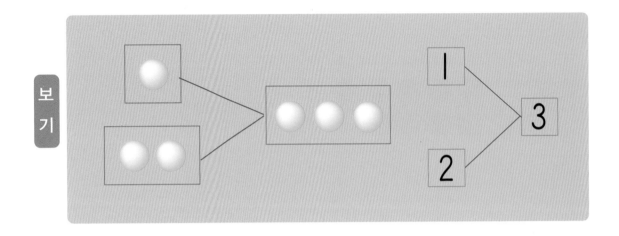

(1)

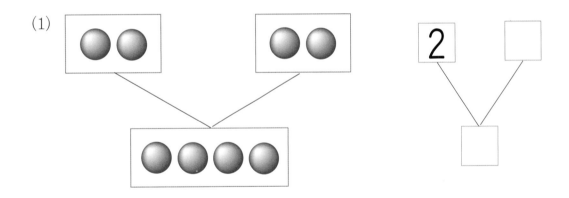

(2)

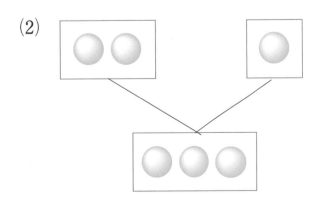
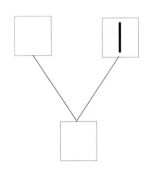

★ 보기와 같이 아래 빈칸에 알맞은 수를 써넣으시오.

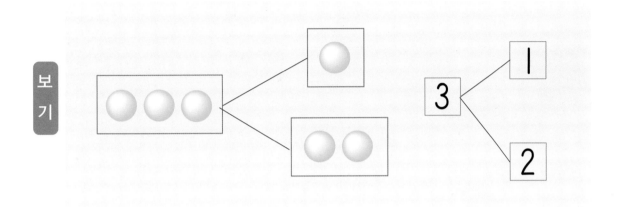

(1)

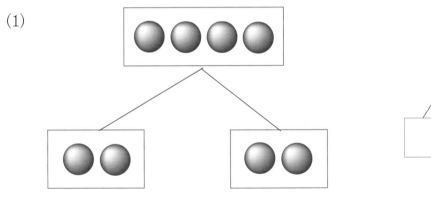

(2)

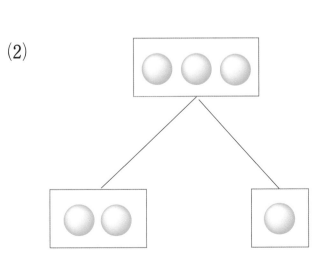
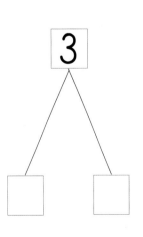

⭐ 4를 두 수로 가를 수 있어요.

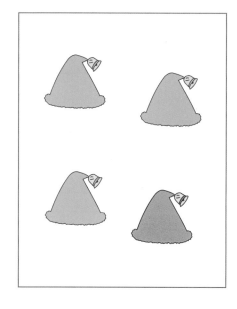

1️⃣ 왼쪽의 모자는 모두 몇 개인가요?

[4] 개

2️⃣ 파란색 모자는 모두 몇 개인가요?

[3] 개

3️⃣ 감색 모자는 모두 몇 개인가요?

[1] 개

⭐ 두 수는 다음과 같이 가를 수 있어요.

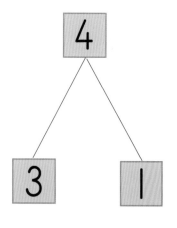

4 - 1 = 3

또는

4 - 3 = 1

⭐모자가 모두 5개 있습니다.이를 모두 파란색과 노란색으로 칠할 수 있어요

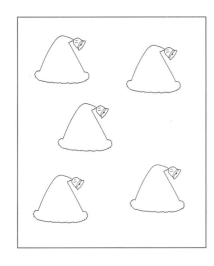

(1) 아래의 노란 모자는 모두 몇 개인가요?

 개

(2) 아래의 파란 모자는 모두 몇 개인가요?

 개

⭐빈 곳에 알맞은 수를 써넣으시오.

(3)
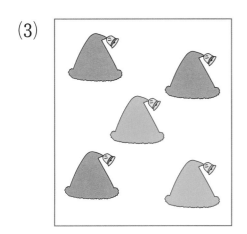

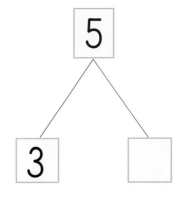

(4)
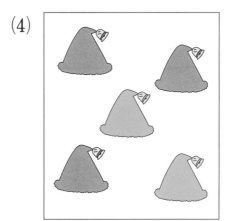

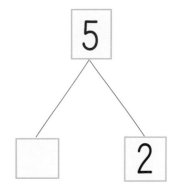

★그림을 보고 빈칸에 알맞은 수를 써넣으시오.

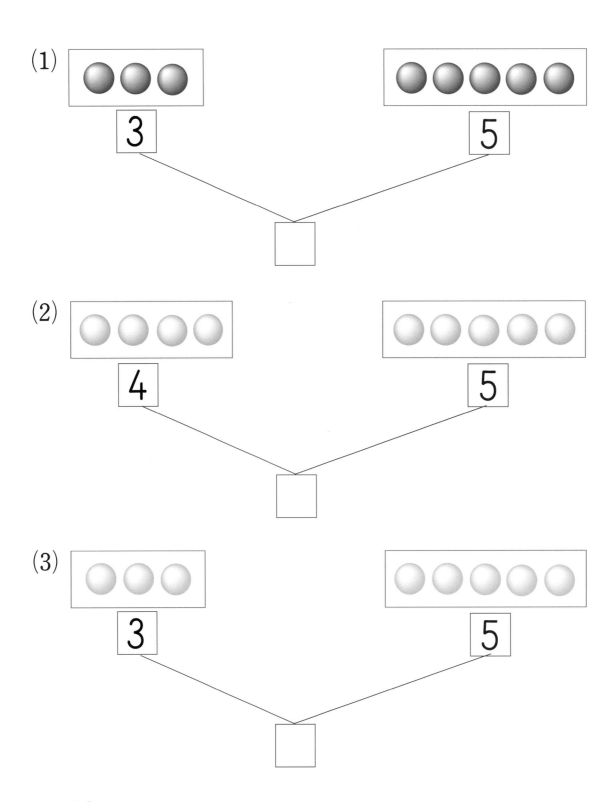

(1)

3   5

□

(2)

4   5

□

(3)

3   5

□

⭐그림을 보고 빈칸에 알맞은 수를 써넣으시오.

(1)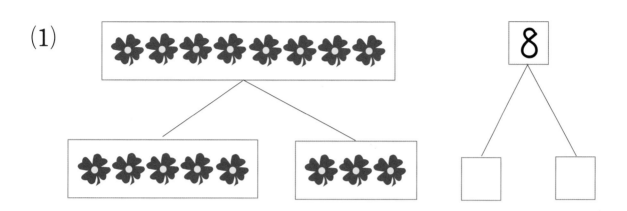

(2)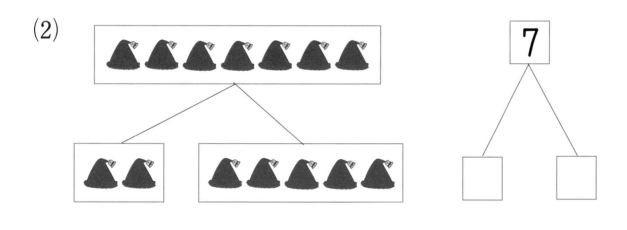

(3)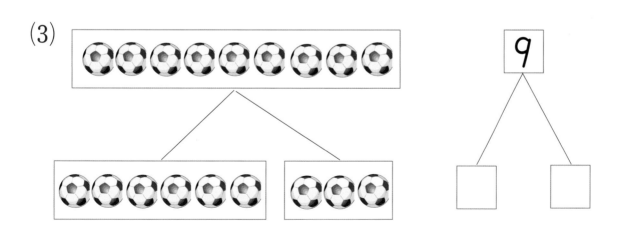

★ 빈칸에 알맞은 수를 써 넣으시오.

(1)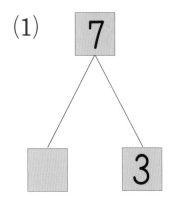

(2)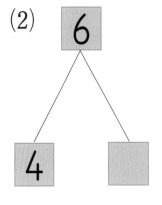

(3)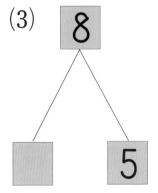

(4)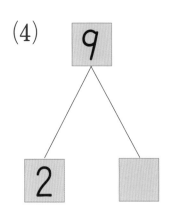

(5)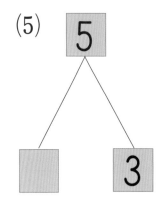

(6)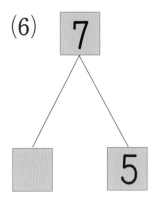

다음 수를 두 수로 가를 수 있어요.

(1)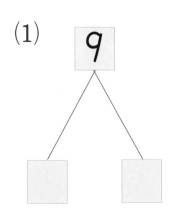

(2)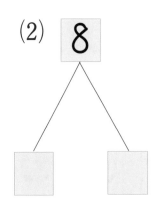

(3)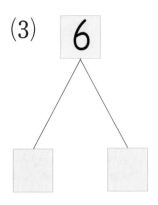

★ 오른쪽 두 수의 합이 왼쪽 수와 맞은 것에 선으로 연결하시오.

(1)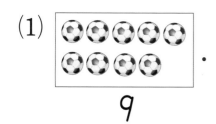
9

(2)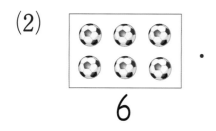
6

(3)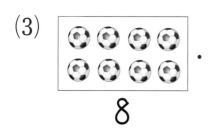
8

(4)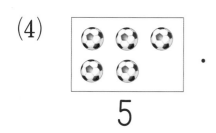
5

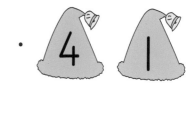

(5)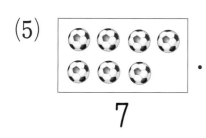
7

7. 덧셈하기

⭐ 보기와 같이 덧셈을 하시오.

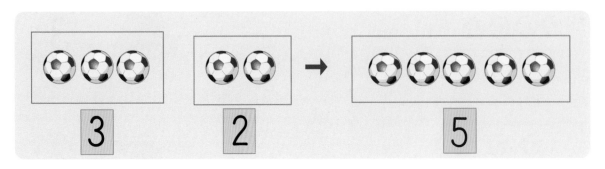

(1)

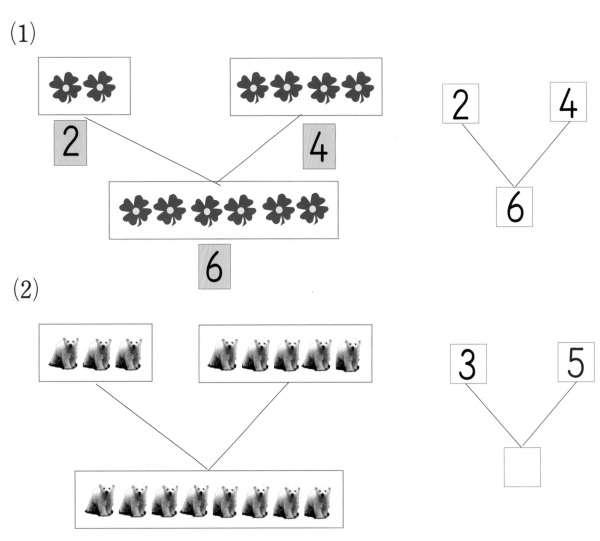

(2)

(3)

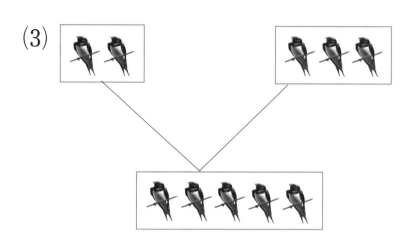
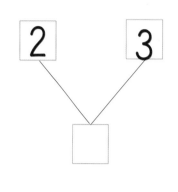

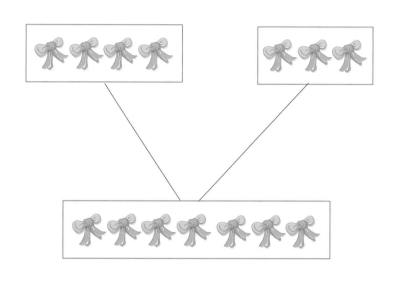
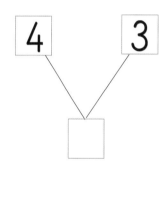

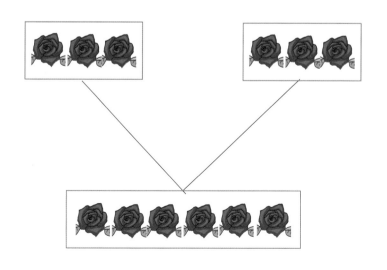
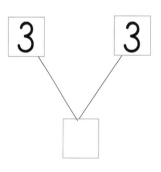

⭐ 덧셈을 하시오.

(1)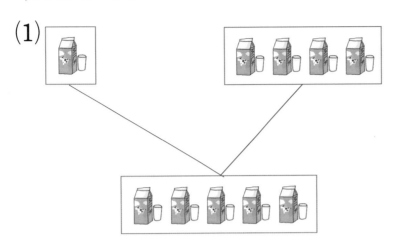
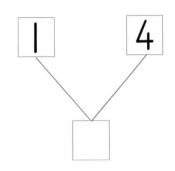

(2)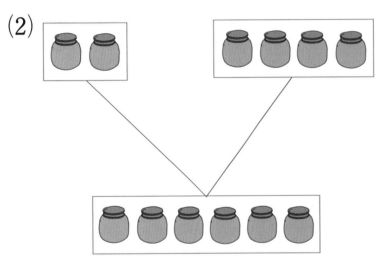
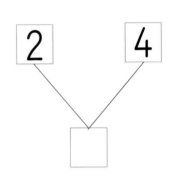

(3)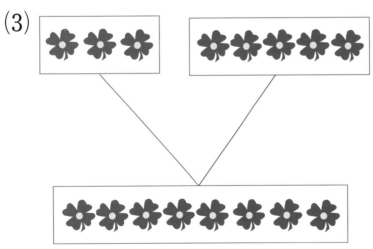
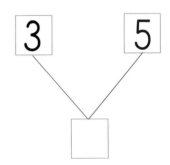

(4)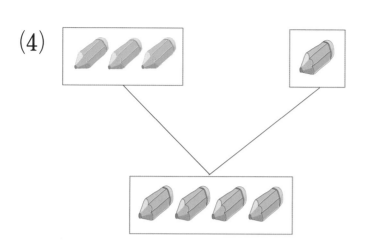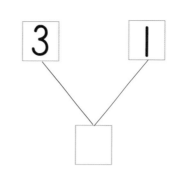

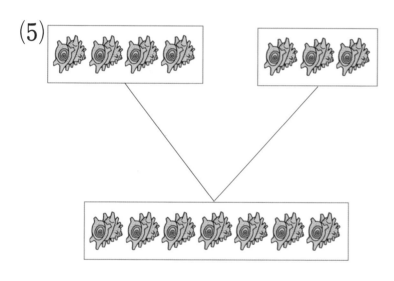

(5)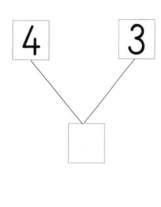

(6)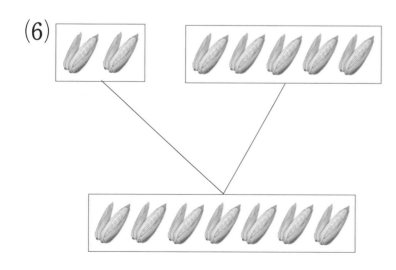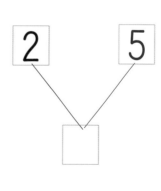

59

⭐ 덧셈과 함께 식을 만들어 보시오.

(1)

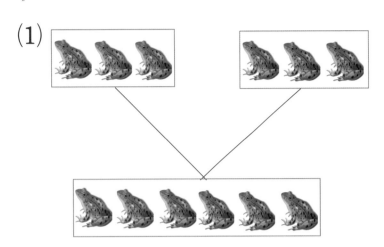

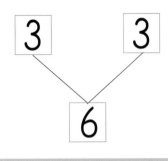

$3 + 3 = \boxed{}$

(2)

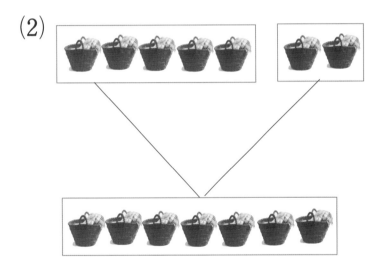

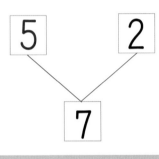

$5 + 2 = \boxed{}$

(3)

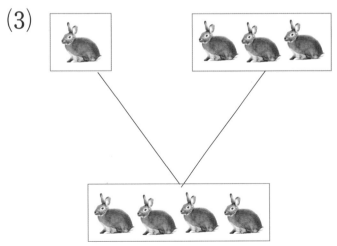

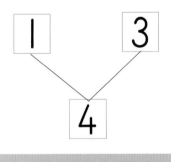

$1 + 3 = \boxed{}$

(4)

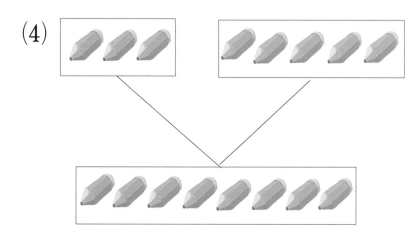

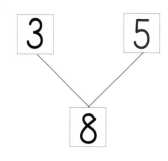

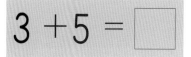

$$3 + 5 = \boxed{}$$

(5)

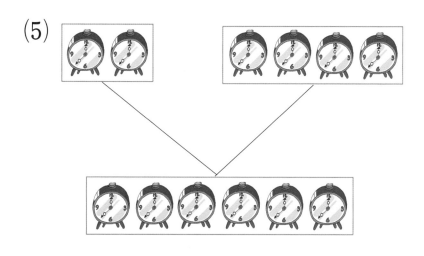

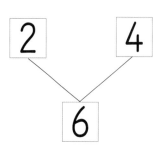

$$2 + 4 = \boxed{}$$

(6)

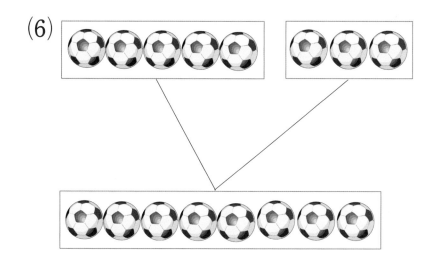

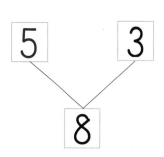

$$5 + 3 = \boxed{}$$

☆ 덧셈과 함께 식을 만들어 보시오.

(1)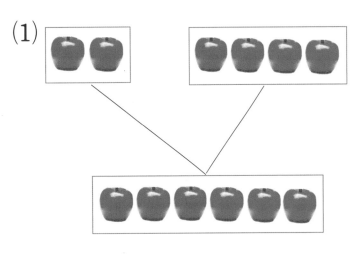
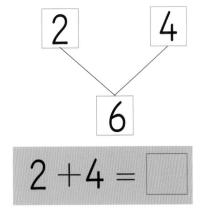

$$2 + 4 = \boxed{}$$

(2)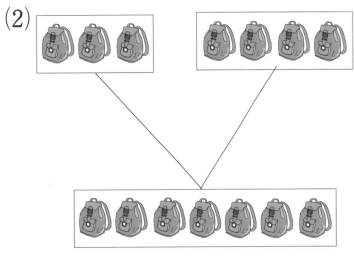
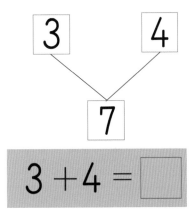

$$3 + 4 = \boxed{}$$

(3)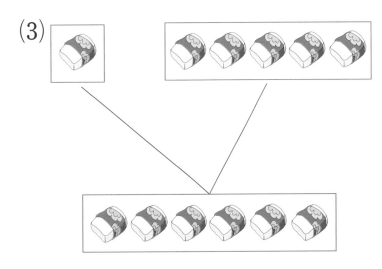

$$1 + 5 = \boxed{}$$

(4)

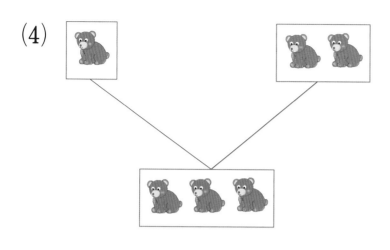 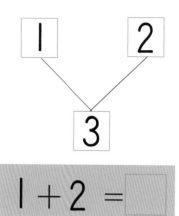

$$1 + 2 = \boxed{}$$

(5)

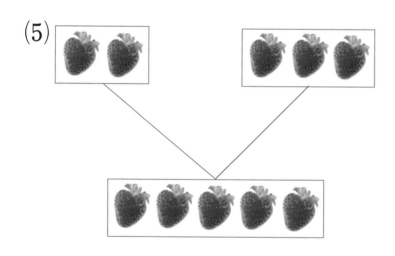 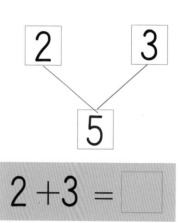

$$2 + 3 = \boxed{}$$

(6)

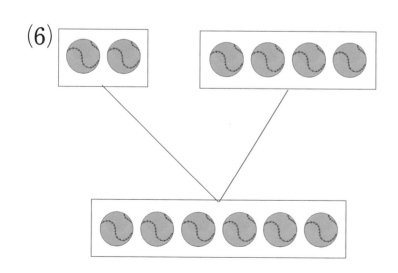 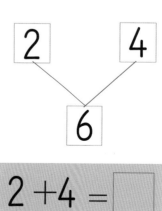

$$2 + 4 = \boxed{}$$

8.뺄셈하기

⭐ 동수는 구슬 10개를 가지고 구슬치기를 하였습니다. 그중에서 구슬 4개를 잃었습니다. 그럼 동수가 가지고 있는 구슬은 몇 개입니까?

⭐ 다음 그림에서 잃은 구슬 4개를 지워 봅시다.

(1) 남은 구슬은 몇 개입니까? 그를 식으로 하여 써 봅시다.

$$10 - 4 = \boxed{}$$

★ 보기와 같이 뺄셈을 하시오.

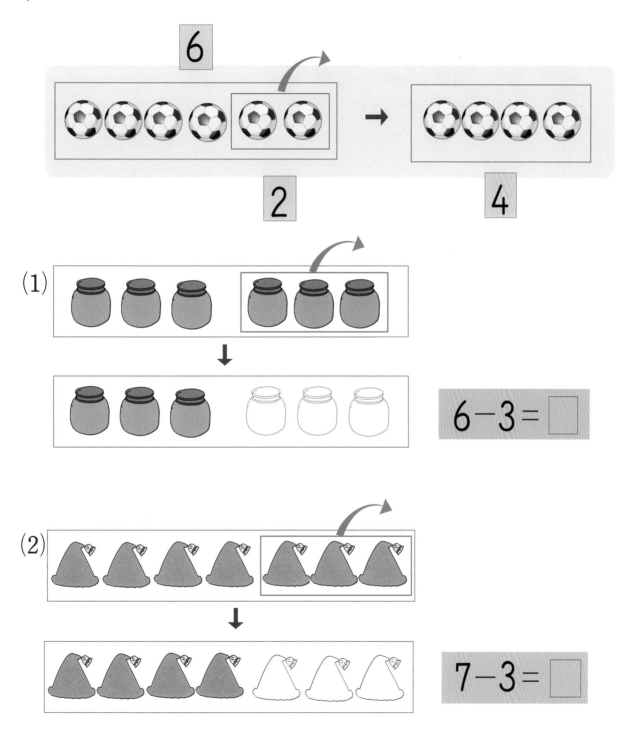

6

2   4

(1)

6 − 3 = ☐

(2)

7 − 3 = ☐

⭐ 보기와 같이 뺄셈을 하시오.

1

$6-2=\boxed{}$

2
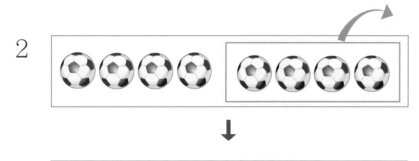

$8-4=\boxed{}$

(3)
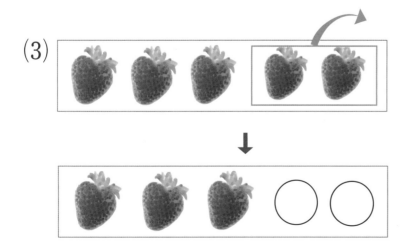

$5-2=\boxed{}$

 그림을 보고 뺄셈을 하시오.

(1)
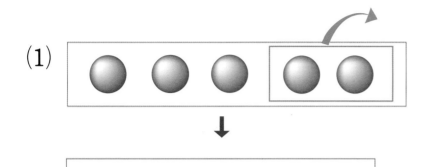

$5 - 2 =$ □

(2)

$4 - 2 =$ □

(3)
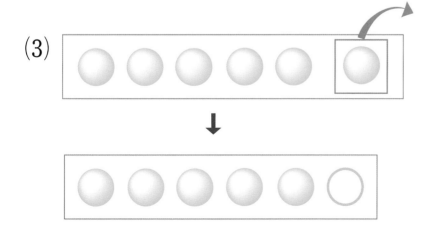

$6 - 1 =$ □

★ 다음 설명을 보고 뺄셈을 하시오.

★ 빨간색 모자가 10개 있고 파란색 모자가 6개 있습니다. 빨간색 모자는 파란색 모자보다 몇 개 더 많은지 알아봅시다.

★ 빨간색 모자와 파란색 모자를 하나씩 연결하고 남은 모자를 세어 보시오.

10 - 6 = ☐

☆그림을 보고 뺄셈을 하시오.

(1)

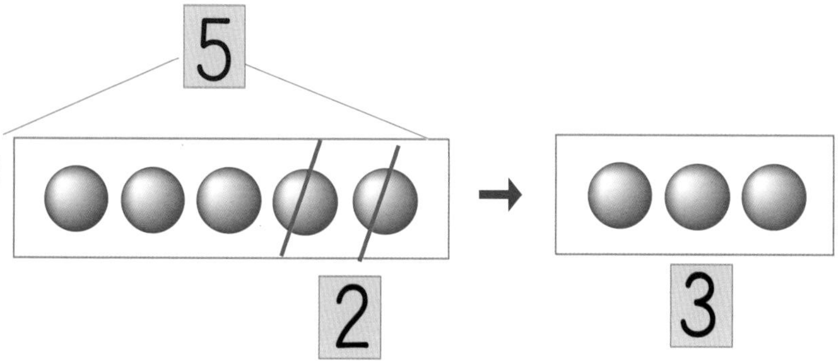

5

○○○⌀⌀ → ○○○

2   3

$5 - 2 = \square$

(2)

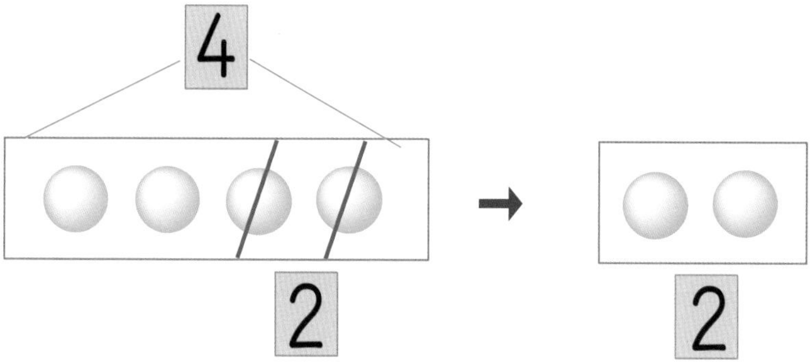

4

○○⌀⌀ → ○○

2   2

$4 - 2 = \square$

(3)

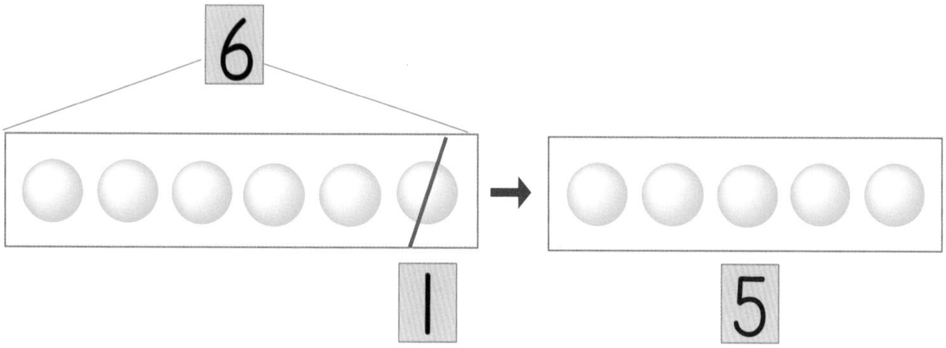

6

○○○○○⌀ → ○○○○○

1   5

$6 - 1 = \square$

(4)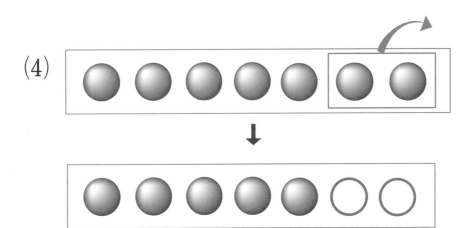

$7-2=\boxed{}$

(5)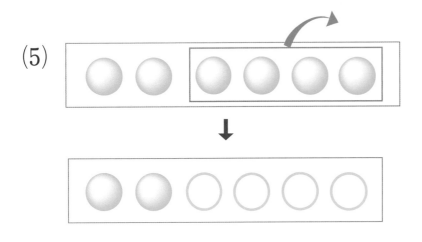

$6-4=\boxed{}$

(6)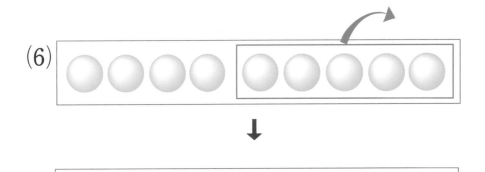

$9-5=\boxed{}$

★ 그림을 보고 뺄셈을 하시오.

(1)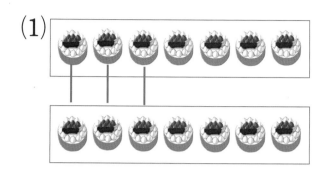

$$7 - 3 = \boxed{}$$

(2)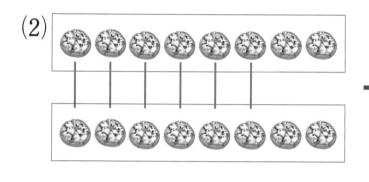

$$8 - 6 = \boxed{}$$

(3)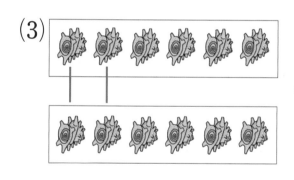

$$6 - 2 = \boxed{}$$

(4)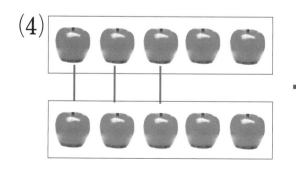

$$5 - 3 = \boxed{}$$

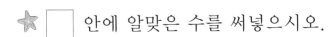

★ ☐ 안에 알맞은 수를 써넣으시오.

(1) 토끼는 곰보다 얼마나 더 많을까요. 빈칸에 답을 쓰시오.

$$10 - 6 = \boxed{}$$

(2) 개구리는 제비보다 얼마나 더 많을까요. 빈칸에 답을 쓰시오.

 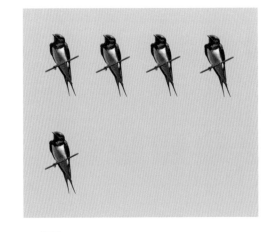

$$10 - 5 = \boxed{}$$

(1) 서로 알맞은 것끼리 선으로 연결하시오.

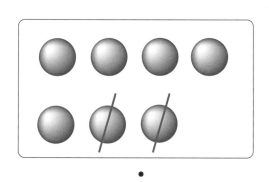

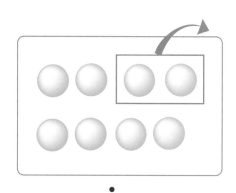

$8 - 2 = \boxed{6}$ $6 - 4 = \boxed{2}$ $7 - 2 = \boxed{5}$

(2) 엄마는 영수에개 딸기 7개를 주셨더니 영수는 그 중 3개를 먹었습니다. 그럼 남은 딸기는 몇 개인지 아래 빈칸에 써 넣으시오.

엄마가 준 딸기

영수가 먹은 딸기

남은 딸기

$7 - 3 = \boxed{}$

★ 뺄셈을 해 보시오.

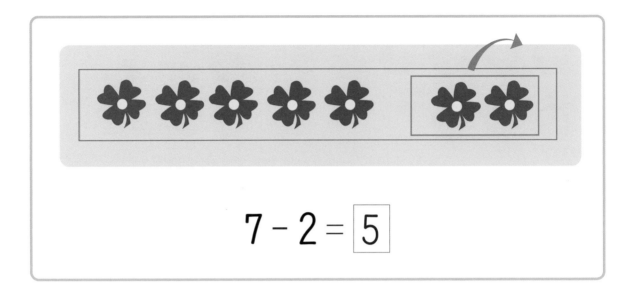

$$7 - 2 = \boxed{5}$$

(1) $7 - 1 = \square$

(2) $7 - 2 = \square$

(3) $7 - 3 = \square$

(4) $7 - 4 = \square$

(5) $7 - 5 = \square$

(6) $6 - 3 = \square$

(7) $6 - 4 = \square$

(8) $6 - 5 = \square$

(9) $6 - 2 = \square$

(10) $6 - 1 = \square$

(11) $5 - 4 = \square$

(12) $5 - 3 = \square$

(13) $5 - 2 = \square$

(14) $5 - 1 = \square$

(15) $5 - 2 = \square$

⭐ 뺄셈을 해 보시오.

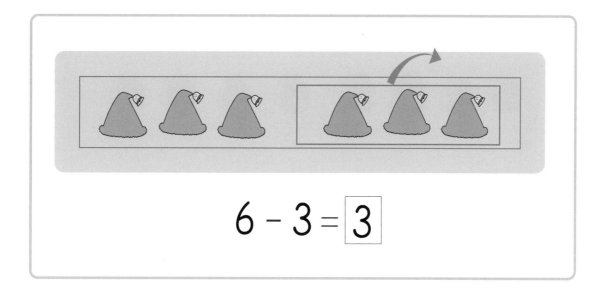

$$6 - 3 = \boxed{3}$$

(1) $8 - 4 = \square$

(2) $8 - 3 = \square$

(3) $8 - 2 = \square$

(4) $8 - 1 = \square$

(5) $8 - 5 = \square$

(6) $7 - 2 = \square$

(7) $7 - 3 = \square$

(8) $7 - 4 = \square$

(9) $7 - 5 = \square$

(10) $7 - 6 = \square$

(11) $6 - 4 = \square$

(12) $6 - 3 = \square$

(13) $6 - 2 = \square$

(14) $6 - 1 = \square$

(15) $6 - 5 = \square$

★ 뺄셈을 해 보시오.

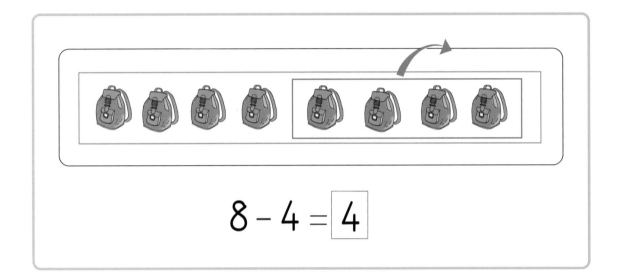

$$8 - 4 = \boxed{4}$$

(1) $6 - 1 = \square$

(2) $6 - 2 = \square$

(3) $6 - 3 = \square$

(4) $6 - 4 = \square$

(5) $6 - 5 = \square$

(6) $5 - 4 = \square$

(7) $5 - 1 = \square$

(8) $5 - 3 = \square$

(9) $5 - 4 = \square$

(10) $5 - 2 = \square$

(11) $4 - 1 = \square$

(12) $4 - 2 = \square$

(13) $4 - 3 = \square$

(14) $7 - 2 = \square$

(15) $8 - 2 = \square$

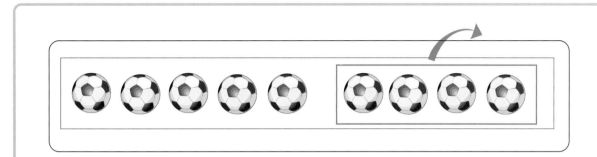

$$9 - 4 = \boxed{5}$$

(1) $8 - 2 = \square$

(2) $8 - 3 = \square$

(3) $8 - 4 = \square$

(4) $8 - 5 = \square$

(5) $8 - 6 = \square$

(6) $7 - 4 = \square$

(7) $7 - 2 = \square$

(8) $7 - 3 = \square$

(9) $7 - 1 = \square$

(10) $7 - 5 = \square$

(11) $9 - 7 = \square$

(12) $9 - 6 = \square$

(13) $9 - 5 = \square$

(14) $9 - 4 = \square$

(15) $9 - 3 = \square$

☆ 뺄셈을 해 보시오.

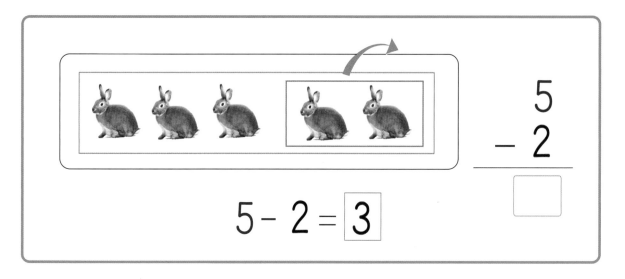

$5 - 2 = \boxed{3}$

$$\begin{array}{r} 5 \\ -\ 2 \\ \hline \boxed{} \end{array}$$

☆ 계산을 하시오.

(1)
$$\begin{array}{r} 7 \\ -\ 6 \\ \hline \boxed{} \end{array}$$

(3)
$$\begin{array}{r} 7 \\ -\ 5 \\ \hline \boxed{} \end{array}$$

(5)
$$\begin{array}{r} 7 \\ -\ 4 \\ \hline \boxed{} \end{array}$$

(2)
$$\begin{array}{r} 7 \\ -\ 3 \\ \hline \boxed{} \end{array}$$

(4)
$$\begin{array}{r} 7 \\ -\ 2 \\ \hline \boxed{} \end{array}$$

(6)
$$\begin{array}{r} 7 \\ -\ 1 \\ \hline \boxed{} \end{array}$$

★ 뺄셈을 해 보시오.

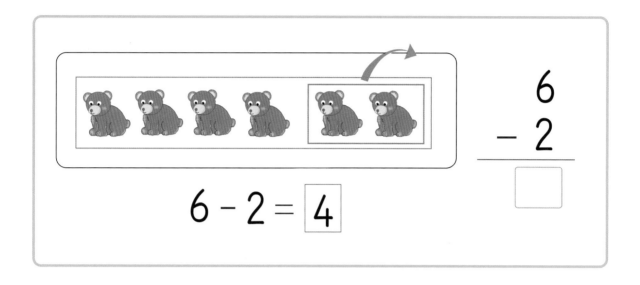

6 - 2 = 4

6
- 2
⬚

★ 계산을 하시오.

(1)
8
- 2
⬚

(3)
8
- 3
⬚

(5)
8
- 4
⬚

(2)
9
- 7
⬚

(4)
9
- 5
⬚

(6)
9
- 2
⬚

★ 뺄셈을 해 보시오.

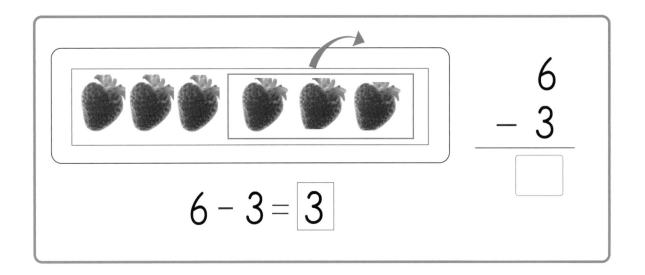

6 - 3 = 3

$$\begin{array}{r} 6 \\ - 3 \\ \hline \end{array}$$

★ 계산을 하시오.

(1)
$$\begin{array}{r} 7 \\ - 6 \\ \hline \end{array}$$

(3)
$$\begin{array}{r} 7 \\ - 5 \\ \hline \end{array}$$

(5)
$$\begin{array}{r} 7 \\ - 4 \\ \hline \end{array}$$

(2)
$$\begin{array}{r} 7 \\ - 3 \\ \hline \end{array}$$

(4)
$$\begin{array}{r} 7 \\ - 2 \\ \hline \end{array}$$

(6)
$$\begin{array}{r} 7 \\ - 1 \\ \hline \end{array}$$

★ 뺄셈을 해 보시오.

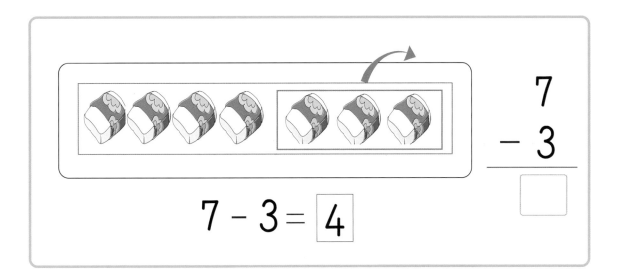

$$7 - 3 = \boxed{4}$$

$$\begin{array}{r} 7 \\ -\ 3 \\ \hline \end{array}$$

★ 계산을 하시오.

(1)
$$\begin{array}{r} 8 \\ -\ 2 \\ \hline \end{array}$$

(3)
$$\begin{array}{r} 8 \\ -\ 3 \\ \hline \end{array}$$

(5)
$$\begin{array}{r} 8 \\ -\ 4 \\ \hline \end{array}$$

(2)
$$\begin{array}{r} 9 \\ -\ 7 \\ \hline \end{array}$$

(4)
$$\begin{array}{r} 9 \\ -\ 5 \\ \hline \end{array}$$

(6)
$$\begin{array}{r} 9 \\ -\ 2 \\ \hline \end{array}$$

9.덧셈과 뺄셈

⭐ 보기와 같이 덧셈을 하시오.

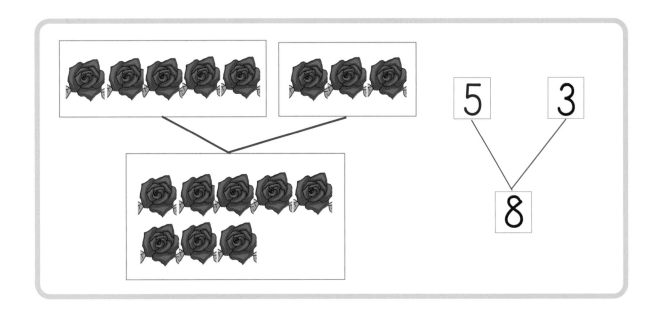

(1)
$$\begin{array}{r} 7 \\ + 6 \\ \hline \ \square \end{array}$$

(3)
$$\begin{array}{r} 7 \\ + 5 \\ \hline \ \square \end{array}$$

(5)
$$\begin{array}{r} 7 \\ + 4 \\ \hline \ \square \end{array}$$

(2)
$$\begin{array}{r} 8 \\ + 3 \\ \hline \ \square \end{array}$$

(4)
$$\begin{array}{r} 9 \\ + 2 \\ \hline \ \square \end{array}$$

(6)
$$\begin{array}{r} 10 \\ + 5 \\ \hline \ \square \end{array}$$

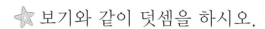
보기와 같이 덧셈을 하시오.

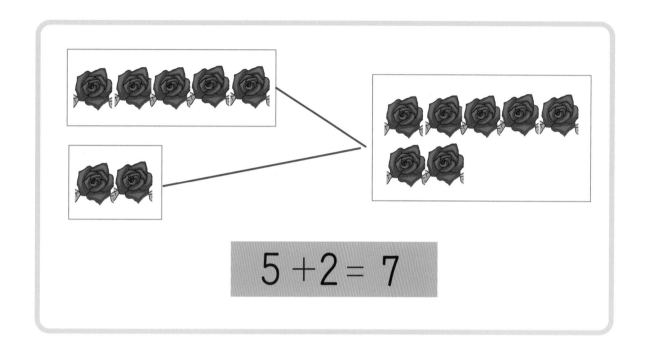

$$5 + 2 = 7$$

(1)
$$\begin{array}{r} 4 \\ + 6 \\ \hline \end{array}$$

(3)
$$\begin{array}{r} 8 \\ + 5 \\ \hline \end{array}$$

(5)
$$\begin{array}{r} 5 \\ + 4 \\ \hline \end{array}$$

(2)
$$\begin{array}{r} 6 \\ + 3 \\ \hline \end{array}$$

(4)
$$\begin{array}{r} 5 \\ + 2 \\ \hline \end{array}$$

(6)
$$\begin{array}{r} 6 \\ + 1 \\ \hline \end{array}$$

9.덧셈과 뺄셈

⭐ 보기와 같이 덧셈을 하시오.

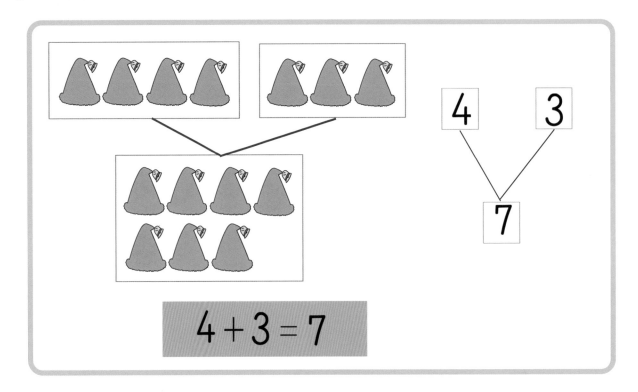

$$4 + 3 = 7$$

(1)
$$\begin{array}{r} 7 \\ + 6 \\ \hline \square \end{array}$$

(3)
$$\begin{array}{r} 7 \\ + 5 \\ \hline \square \end{array}$$

(5)
$$\begin{array}{r} 7 \\ + 4 \\ \hline \square \end{array}$$

(2)
$$\begin{array}{r} 8 \\ + 3 \\ \hline \square \end{array}$$

(4)
$$\begin{array}{r} 9 \\ + 2 \\ \hline \square \end{array}$$

(6)
$$\begin{array}{r} 10 \\ + 5 \\ \hline \square \end{array}$$

★ 보기와 같이 뺄셈을 하시오.

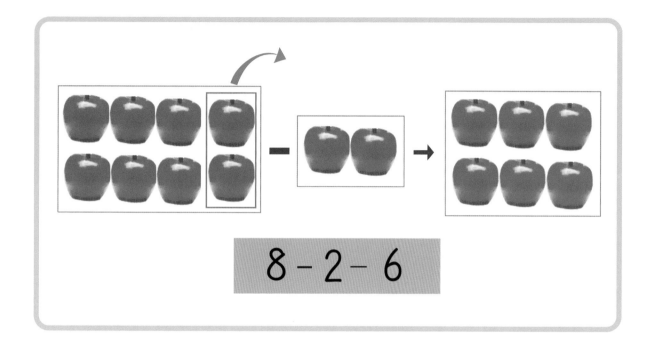

$$8 - 2 - 6$$

(1)
$$\begin{array}{r} 6 \\ -\ 5 \\ \hline \square \end{array}$$

(3)
$$\begin{array}{r} 8 \\ -\ 4 \\ \hline \square \end{array}$$

(5)
$$\begin{array}{r} 9 \\ -\ 2 \\ \hline \square \end{array}$$

(2)
$$\begin{array}{r} 7 \\ -\ 3 \\ \hline \square \end{array}$$

(4)
$$\begin{array}{r} 7 \\ -\ 2 \\ \hline \square \end{array}$$

(6)
$$\begin{array}{r} 7 \\ -\ 1 \\ \hline \square \end{array}$$

✰ 버스에 모두 8명이 타고 가다 첫번째 정류장에서 2명이 타고 다음 정류에서 3명이 내렸습니다. 그러면 지금 버스 안에는 몇 명이 타고 있을까요?

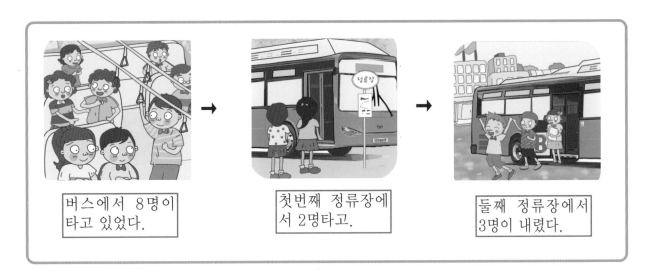

| 버스에서 8명이 타고 있었다. | 첫번째 정류장에서 2명타고. | 둘째 정류장에서 3명이 내렸다. |

(1) 버스가 처음 정류장을 떠날 때 버스 안에는 몇 명이 타고 있었나요?

$$8 \text{ 명}$$

(2) 첫째 정류장에서 2명이 탔습니다. 버스 안에는 지금 몇 명이 있을까요? 식으로 나타내 보시오

$$8 + 2 = \boxed{10}$$

(3) 다음 정류장에서 3명이 내렸습니다. 버스 안에는 지금 몇 명이 타고 있을까요? 식으로 나타내 보시오.

$$\boxed{10} - 3 = \boxed{7}$$

$$8 + 2 - 3 = \boxed{}$$

⭐ 아래 수를 보기와 같이 빼 보시오.

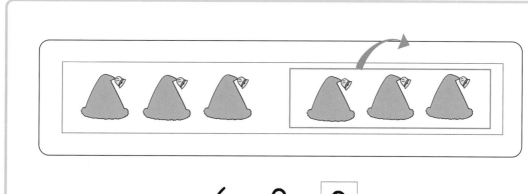

$$6 - 3 = \boxed{3}$$

(1) $8 - 4 = \square$

(2) $8 - 3 = \square$

(3) $8 - 2 = \square$

(4) $8 - 1 = \square$

(5) $8 - 5 = \square$

(6) $7 - 2 = \square$

(7) $7 - 3 = \square$

(8) $7 - 4 = \square$

(9) $7 - 5 = \square$

(10) $7 - 6 = \square$

(11) $6 - 4 = \square$

(12) $6 - 3 = \square$

(13) $6 - 2 = \square$

(14) $6 - 1 = \square$

(15) $6 - 5 = \square$

10. 9 다음의 수

'9'보다 '1' 큰 수를 '10'이라고 합니다. '10'은 다음과 같이 모으기와 가르기를 할 수 있습니다.

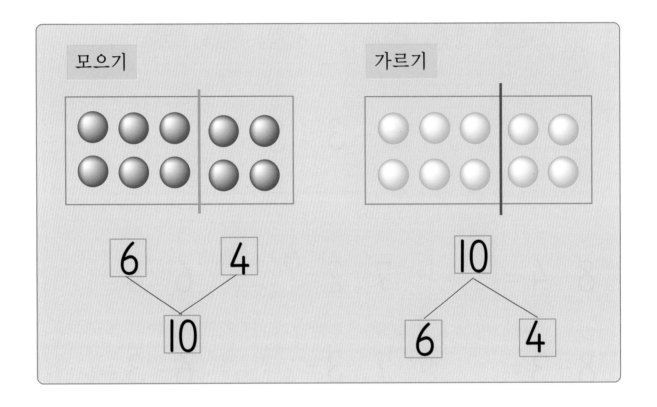

⭐10이 되도록 색칠을 해보세요

☆ 십 몇 알아 보기

10개씩 묶음 1개와 낱개 2개를 12라고 합니다.

☆ 다음은 10개씩 몇 묶음이고 낱개는 몇 개인가요?

(1) 10개씩 ☐ 낱개는 ☐ 개
_____

(2) 10개씩 ☐ 낱개는 ☐ 개
_____

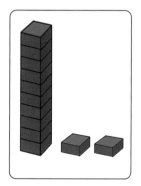

(3) 10개씩 ☐ 낱개는 ☐ 개
_____

⭐ 다음은 모두 몇 개인가요?

(1)
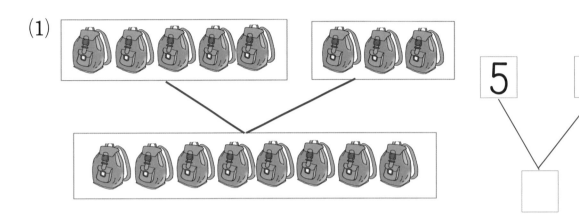

5   3

☐

(2)
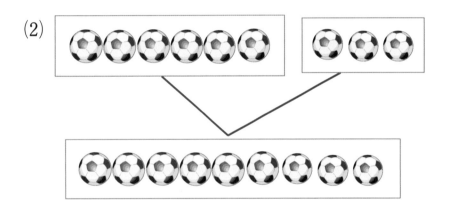 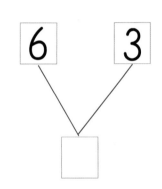

6   3

☐

(3)
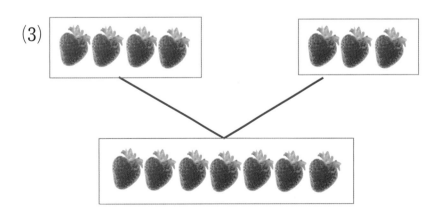 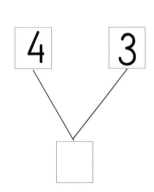

4   3

☐

(4)

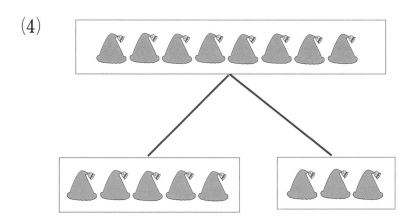 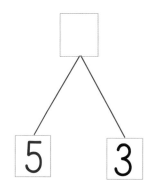

(5)

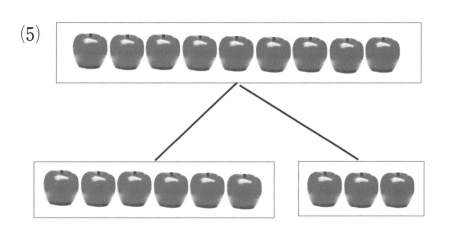 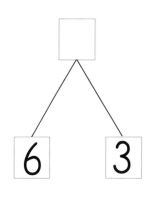

(6)

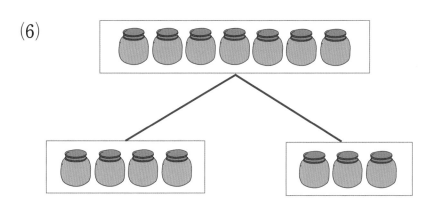 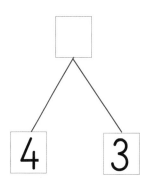

★ 10개씩 묶은 막대 2개를 20이라고 합니다.

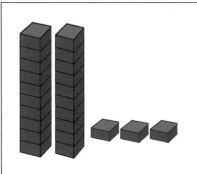

10개씩 묶은 막대 2개와 낱개 3개를 모아 23이라고 합니다.

(1) 위의 그림은 계란 10개씩 담은 바구니가 몇 개인가요?

⬜ 개

(2) 낱개는 몇 개인가요?

⬜ 개

(3) 바구니 속 계란은 모두 몇 개인가요?

⬜ 개

★ 쟁반 안에 6개씩 포장된 라면 상자 2개와 낱개로 포장된 라면 3개가 있습니다.

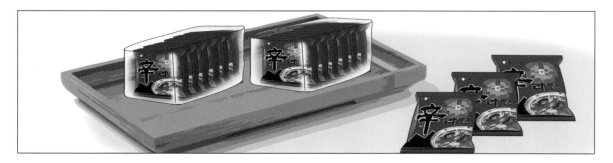

(1) 쟁반 안에는 6개씩 포장된 라면이 몇 개인가요?

 개

(2) 낱개로 포장된 라면은 몇 개인가요?

 개

(3) 쟁반 안의 라면은 모두 몇 개인가요?

 개

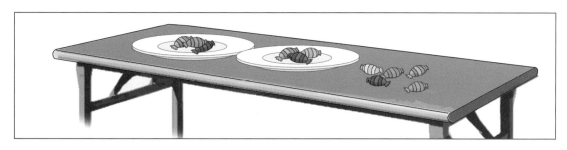

(1) 쟁반에 사탕이 3개씩 담긴 접시는 몇 개인가요?

 개

(2) 접시 밖 사탕과 접시 안의 사탕은 모두 몇 개인가요?

 개

⭐ 서로 알맞은 것끼리 선으로 연결하시오.

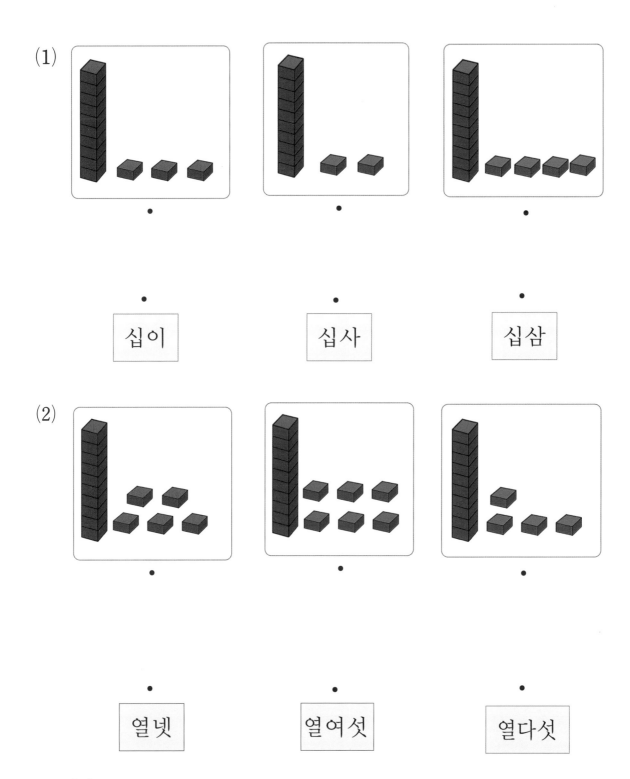

(1)

십이

십사

십삼

(2)

열넷

열여섯

열다섯

⭐다음 그림의 수를 세어 봅시다.

(1)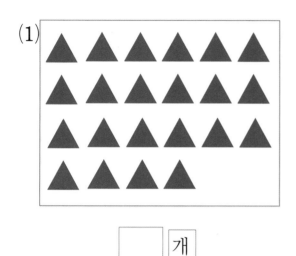

[   ] 개

(2)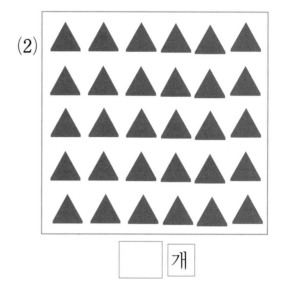

[   ] 개

(3) 빈칸에 ○를 그려 20 개를 만드시오.

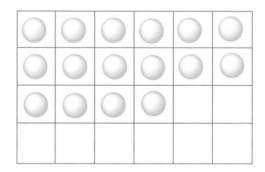

(4) 빈칸에 ○를 그려 23 개를 만드시오.

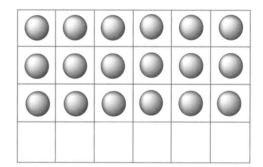

(5) 아래에 모으기를 해보시오.

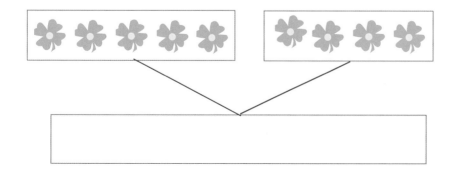

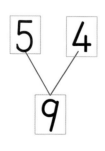

⭐ 아래에 모으기를 해 보시오.

(1)
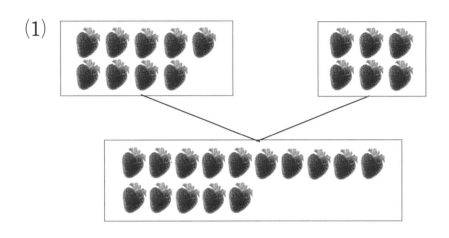
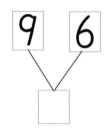

(2)
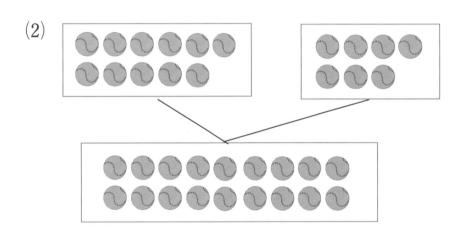
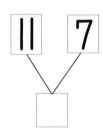

(3)
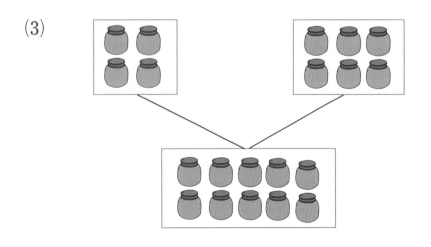
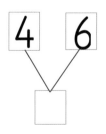

⭐아래에 가르기를 해보시오.

(1)

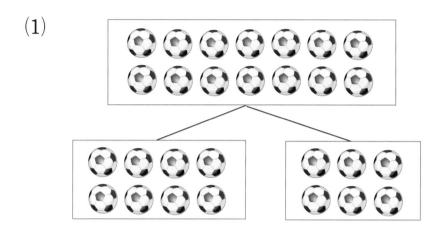 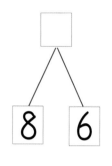

(2)

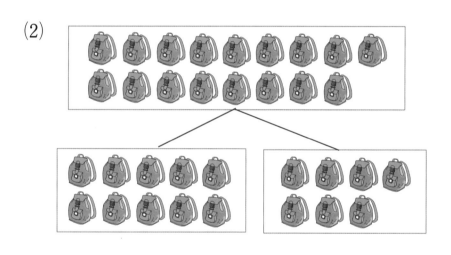 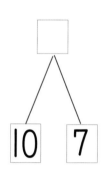

(3)

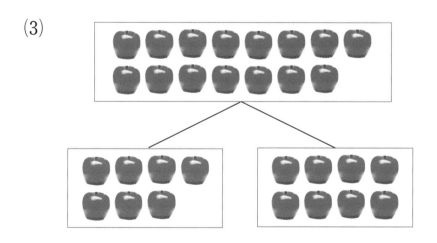 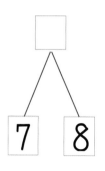

⭐ 그림을 보고 아래에 알맞은 글자를 써 넣으시오.

(1)

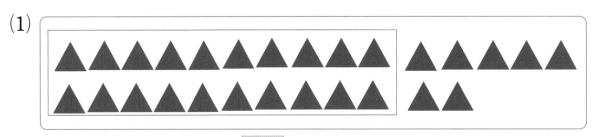

열개의 묶음 ▢ 개

낱개 ▢ 개

(2)

열개의 묶음 ▢ 개

낱개 ▢ 개

(3)

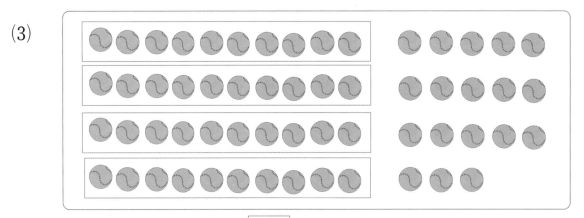

열개의 묶음 ▢ 개

낱개 ▢ 개

☆ 다음 빈 칸에 알맞은 수를 써 넣으시오.

(1)

1	2	3	4	5		7	8	9	10
11	12		14	15	16	17	18	19	

(2)

1	2	3	4	5	6	7		9	10
11		13	14	15	16	17	18	19	20
21	22		24	25	26	27	28		30

(3)

1	2	3	4	5	6		8	9	10
11	12		14	15	16	17	18	19	20
	22	23	24	25	26	27	28		30
31	32	33	34		36	37	38	39	

11. 9 이상 수의 덧셈과 뺄셈

⭐보기와 같이 덧셈을 하시오..

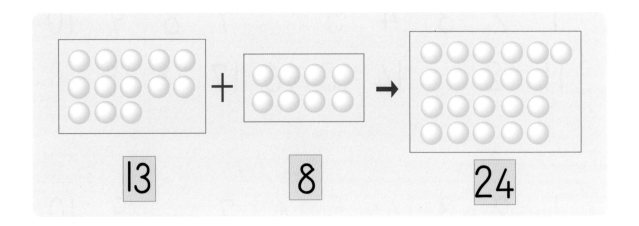

(1) $12 + 4 = \square$

(2) $13 + 3 = \square$

(3) $14 + 2 = \square$

(4) $15 + 1 = \square$

(5) $16 + 5 = \square$

(6) $17 + 2 = \square$

(7) $18 + 3 = \square$

(8) $19 + 4 = \square$

(9) $21 + 5 = \square$

(10) $22 + 6 = \square$

★ 보기와 같이 덧셈을 하시오.

$$15 + 9 \rightarrow 24$$

(1) $13 + 5 = \boxed{}$

(2) $14 + 2 = \boxed{}$

(3) $15 + 1 = \boxed{}$

(4) $16 + 5 = \boxed{}$

(5) $17 + 2 = \boxed{}$

(6) $18 + 3 = \boxed{}$

(7) $19 + 4 = \boxed{}$

(8) $13 + 5 = \boxed{}$

(9) $14 + 6 = \boxed{}$

(10) $15 + 6 = \boxed{}$

(11) $16 + 5 = \boxed{}$

(12) $17 + 2 = \boxed{}$

★ 덧셈을 하시오.

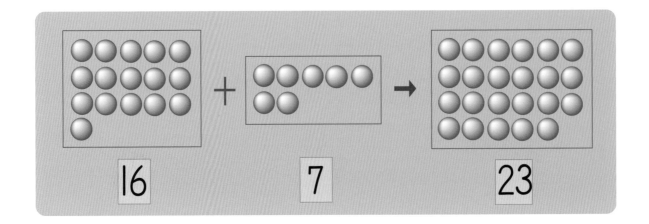

16   +   7   →   23

(1)   13
      +   6
      [　]

(2)   19
      +   5
      [　]

(3)   18
      +   4
      [　]

(4)   15
      +   4
      [　]

(5)   12
      +   3
      [　]

(6)   15
      +   7
      [　]

(7)   18
      +   7
      [　]

(8)   10
      +   6
      [　]

(9)   15
      +   3
      [　]

(10)   16
      +   9
      [　]

(11)   18
      +   7
      [　]

(12)   15
      +   3
      [　]

★ 덧셈을 하시오.

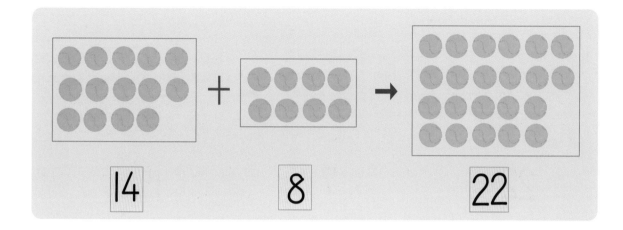

14 + 8 → 22

(1)
$$\begin{array}{r} 13 \\ +\ 4 \\ \hline \end{array}$$

(2)
$$\begin{array}{r} 12 \\ +\ 3 \\ \hline \end{array}$$

(3)
$$\begin{array}{r} 16 \\ +\ 2 \\ \hline \end{array}$$

(4)
$$\begin{array}{r} 15 \\ +\ 3 \\ \hline \end{array}$$

(5)
$$\begin{array}{r} 12 \\ +\ 5 \\ \hline \end{array}$$

(6)
$$\begin{array}{r} 15 \\ +\ 5 \\ \hline \end{array}$$

(7)
$$\begin{array}{r} 18 \\ +\ 4 \\ \hline \end{array}$$

(8)
$$\begin{array}{r} 13 \\ +\ 5 \\ \hline \end{array}$$

(9)
$$\begin{array}{r} 15 \\ +\ 6 \\ \hline \end{array}$$

(10)
$$\begin{array}{r} 16 \\ +\ 1 \\ \hline \end{array}$$

(11)
$$\begin{array}{r} 18 \\ +\ 6 \\ \hline \end{array}$$

(12)
$$\begin{array}{r} 15 \\ +\ 6 \\ \hline \end{array}$$

★ 뺄셈을 하시오.

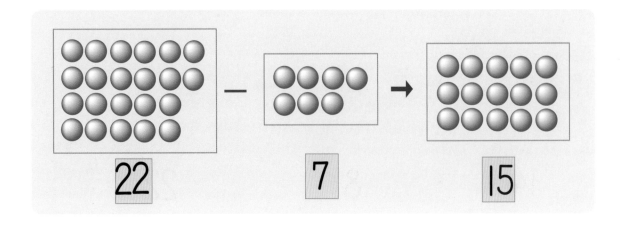

(1) $11 - 8 = \square$

(2) $16 - 7 = \square$

(3) $14 - 2 = \square$

(4) $15 - 9 = \square$

(5) $13 - 2 = \square$

(6) $16 - 1 = \square$

(7) $18 - 6 = \square$

(8) $17 - 5 = \square$

(9) $23 - 9 = \square$

(10) $24 - 8 = \square$

★ 뺄셈을 하시오.

21 − 9 → 12

(1) $13 - 6 = \square$

(7) $19 - 7 = \square$

(2) $14 - 7 = \square$

(8) $13 - 8 = \square$

(3) $15 - 9 = \square$

(9) $14 - 3 = \square$

(4) $16 - 4 = \square$

(10) $15 - 4 = \square$

(5) $17 - 9 = \square$

(11) $16 - 8 = \square$

(6) $18 - 6 = \square$

(12) $17 - 7 = \square$

★ 뺄셈을 하시오.

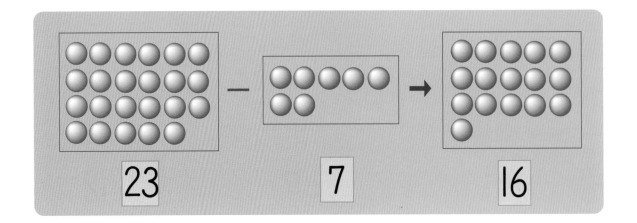

23   7   16

(1)
$$\begin{array}{r} 13 \\ +\ 6 \\ \hline \end{array}$$

(2)
$$\begin{array}{r} 19 \\ +\ 5 \\ \hline \end{array}$$

(3)
$$\begin{array}{r} 18 \\ +\ 4 \\ \hline \end{array}$$

(4)
$$\begin{array}{r} 15 \\ +\ 4 \\ \hline \end{array}$$

(5)
$$\begin{array}{r} 12 \\ +\ 3 \\ \hline \end{array}$$

(6)
$$\begin{array}{r} 15 \\ +\ 7 \\ \hline \end{array}$$

(7)
$$\begin{array}{r} 18 \\ +\ 7 \\ \hline \end{array}$$

(8)
$$\begin{array}{r} 10 \\ +\ 6 \\ \hline \end{array}$$

(9)
$$\begin{array}{r} 15 \\ +\ 3 \\ \hline \end{array}$$

(10)
$$\begin{array}{r} 16 \\ +\ 9 \\ \hline \end{array}$$

(11)
$$\begin{array}{r} 18 \\ +\ 7 \\ \hline \end{array}$$

(12)
$$\begin{array}{r} 15 \\ +\ 3 \\ \hline \end{array}$$

★ 뺄셈을 하시오.

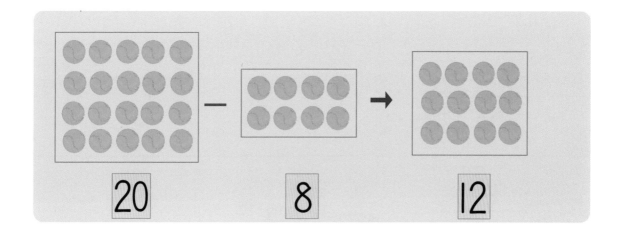

(1)
$$\begin{array}{r} 13 \\ + \ 4 \\ \hline \end{array}$$

(2)
$$\begin{array}{r} 12 \\ + \ 3 \\ \hline \end{array}$$

(3)
$$\begin{array}{r} 16 \\ + \ 2 \\ \hline \end{array}$$

(4)
$$\begin{array}{r} 15 \\ + \ 3 \\ \hline \end{array}$$

(5)
$$\begin{array}{r} 12 \\ + \ 5 \\ \hline \end{array}$$

(6)
$$\begin{array}{r} 15 \\ + \ 5 \\ \hline \end{array}$$

(7)
$$\begin{array}{r} 18 \\ + \ 4 \\ \hline \end{array}$$

(8)
$$\begin{array}{r} 13 \\ + \ 5 \\ \hline \end{array}$$

(9)
$$\begin{array}{r} 15 \\ + \ 6 \\ \hline \end{array}$$

(10)
$$\begin{array}{r} 16 \\ + \ 1 \\ \hline \end{array}$$

(11)
$$\begin{array}{r} 18 \\ + \ 6 \\ \hline \end{array}$$

(12)
$$\begin{array}{r} 15 \\ + \ 6 \\ \hline \end{array}$$

12. 세 수의 덧셈과 뺄셈

★ 버스에 모두 9명이 타고 가다 첫번째 정류장에서 5명이 더 탔습니다. 그리고 다음 정류장에서 4명이 내렸습니다. 그러면 지금 버스 안에는 몇 명이 타고 있을까요?

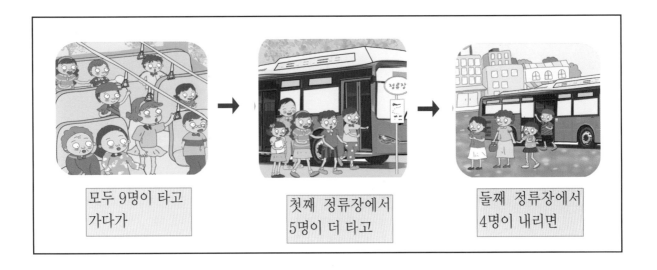

| 모두 9명이 타고 가다가 | 첫째 정류장에서 5명이 더 타고 | 둘째 정류장에서 4명이 내리면 |

(1) 첫째 정류장을 떠날 때 버스 안에는 몇 명이 있는지 식으로 나타내어 봅시다.

$$9 + 5 = \boxed{}$$

(2) 둘째 정류장을 떠날 때 버스 안에는 몇 명이 있습니까?

$$9 + 5 - 4 = \boxed{} \quad \text{또는} \quad 14 - 4 = \boxed{}$$

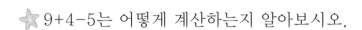 9+4-5는 어떻게 계산하는지 알아보시오.

(1)

$$9 + 4 - 5 = \boxed{}$$

(2)

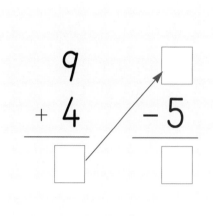

⭐ 계산을 하시오.

(1) $4 + 3 - 2 = \boxed{}$

(2) $5 + 4 - 6 = \boxed{}$

(3) $8 + 2 - 3 = \boxed{}$

(4) $7 + 5 - 2 = \boxed{}$

(5) $6 + 4 - 4 = \boxed{}$

(6) $5 + 6 - 3 = \boxed{}$

(7) $6 + 2 - 2 = \boxed{}$

(8) $4 + 5 - 3 = \boxed{}$

(9) $2 + 6 - 7 = \boxed{}$

(10) $3 + 7 - 4 = \boxed{}$

⭐ 영수가 지금 가지고 있는 사탕은 몇 개가 됩니까?

영수는 사탕을 4개 가지고 있습니다. 이를 민지에게 3개를 주고 수영이에게서 2개를 받았습니다. 그럼 지금 영수가 가지고 있는 사탕이 몇 개인지 살펴봅시다.

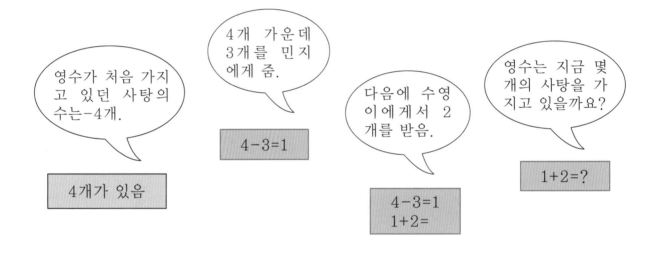

⭐ 구하려는 사탕의 수를 식으로 나타내어 보시오.

$$4 - 3 = \boxed{1} \qquad 1 + 2 = \boxed{3}$$

$$4 - 3 + 2 = \boxed{3}$$

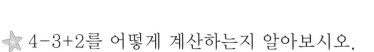 4−3+2를 어떻게 계산하는지 알아보시오.

(1)

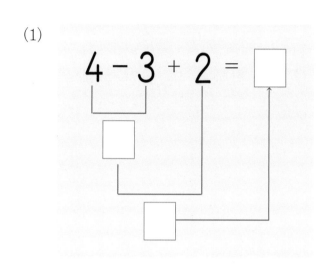

$$4 - 3 + 2 = \boxed{}$$

(2)

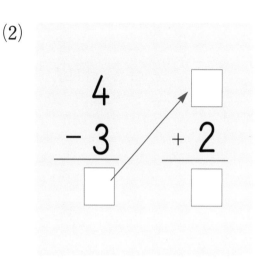

⭐ 계산을 하시오.

(1) $7 - 3 + 5 = \boxed{}$ (1) $6 - 2 + 3 = \boxed{}$

(2) $9 - 5 + 2 = \boxed{}$ (2) $7 - 4 + 5 = \boxed{}$

(3) $8 - 4 + 5 = \boxed{}$ (3) $8 - 5 + 4 = \boxed{}$

(4) $6 - 2 + 4 = \boxed{}$ (4) $9 - 6 + 5 = \boxed{}$

(5) $5 - 2 + 3 = \boxed{}$ (5) $7 - 2 + 4 = \boxed{}$

★ 창수가 아직 읽지 못한 동화책은 몇 권인가요?

창수는 동화책을 9권 가지고 있습니다. 어제까지 3권 읽고 오늘 4권을 읽었습니다. 아직 읽지 않은 동화책은 몇 권인지 알아봅시다.

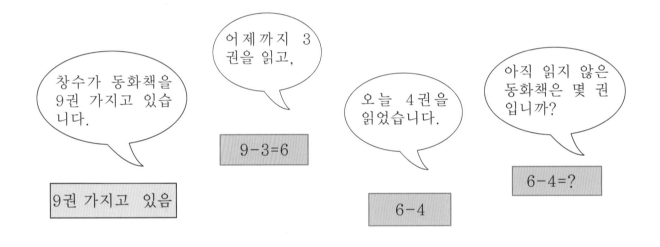

★ 구하려는 동화책의 수를 식으로 나타내어 보시오.

$$9 - 3 = \boxed{6} \qquad 6 - 4 = \boxed{2}$$

$$9 - 3 - 6 = \boxed{2}$$

⭐ 4−3+2를 어떻게 계산하는지 알아보시오.

(1)

$$4 - 3 + 2 = \boxed{}$$

$\boxed{}$

$\boxed{}$

(2)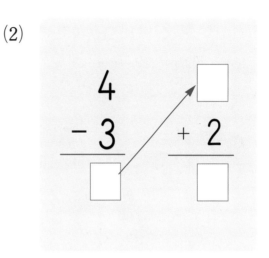

⭐ 계산을 하시오.

(1) $7 - 3 + 5 = \boxed{}$ (6) $6 - 2 + 3 = \boxed{}$

(2) $9 - 5 + 2 = \boxed{}$ (7) $7 - 4 + 5 = \boxed{}$

(3) $8 - 4 + 5 = \boxed{}$ (8) $8 - 5 + 4 = \boxed{}$

(4) $6 - 2 + 4 = \boxed{}$ (9) $9 - 6 + 5 = \boxed{}$

(5) $5 - 2 + 3 = \boxed{}$ (10) $7 - 2 + 4 = \boxed{}$

⭐ 몇 십과 몇의 합을 구할 수 있어요.

어머니께서 사과 10개와 귤 6개를 사 오셨습니다. 어머니께서 사 오신 과일은 모두 몇 개인지 알아봅시다.

⭐ 어머니꺼서 사오신 과일의 수를 구하시오.

$$10 + 6 = \boxed{}$$

$$\begin{array}{r} 10 \\ + \ 6 \\ \hline \boxed{} \end{array}$$

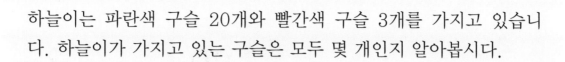

하늘이는 파란색 구슬 20개와 빨간색 구슬 3개를 가지고 있습니다. 하늘이가 가지고 있는 구슬은 모두 몇 개인지 알아봅시다.

⭐ 구하려는 수를 식으로 나타내려고 합니다..

빨간 구슬이 20개 파란 구슬이 3개.	→	파란색 구슬 20개, 더하기 빨간색 구슬 3개

하늘이가 가지고 있는 파란 구슬과 빨간 구슬을 모두 더하는 식을 만들면 되잖아.

⭐ 20과 3을 알기 쉽게 모으기를 하시오.

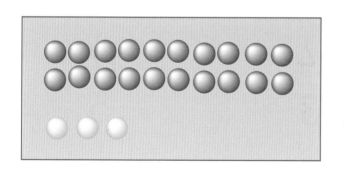

(1) 10모형은 몇 개입니까?

$\boxed{}$ 개

(2) 낱개 모형은 몇 개입니까?

$\boxed{}$ 개

(3) 모두 몇개입니까?

$\boxed{}$ 개

20 + 3 = $\boxed{}$

115

★ 20+3은 얼마입니까.

$$20 + 3 = \boxed{}$$

$$\begin{array}{r} 20 \\ + \ 3 \\ \hline \boxed{} \end{array} \qquad \begin{array}{r} 3 \\ + 20 \\ \hline \boxed{} \end{array}$$

★ 계산을 하시오.

(1)
$$\begin{array}{r} 23 \\ + \ 8 \\ \hline \boxed{} \end{array}$$

(4)
$$\begin{array}{r} 15 \\ + \ 5 \\ \hline \boxed{} \end{array}$$

(7)
$$\begin{array}{r} 27 \\ + \ 6 \\ \hline \boxed{} \end{array}$$

(2)
$$\begin{array}{r} 17 \\ + \ 5 \\ \hline \boxed{} \end{array}$$

(5)
$$\begin{array}{r} 24 \\ + \ 3 \\ \hline \boxed{} \end{array}$$

(8)
$$\begin{array}{r} 17 \\ + \ 5 \\ \hline \boxed{} \end{array}$$

(3)
$$\begin{array}{r} 29 \\ + \ 7 \\ \hline \boxed{} \end{array}$$

(6)
$$\begin{array}{r} 16 \\ + \ 2 \\ \hline \boxed{} \end{array}$$

(9)
$$\begin{array}{r} 13 \\ + \ 9 \\ \hline \boxed{} \end{array}$$

★ 10−3은 얼마입니까.

$$10 - 3 = \boxed{}$$

$$\begin{array}{r} 10 \\ - \ 3 \\ \hline \boxed{} \end{array} \qquad \begin{array}{r} 10 \\ - \ 6 \\ \hline \boxed{} \end{array}$$

★ 계산을 하시오.

(1)
$$\begin{array}{r} 12 \\ - \ 5 \\ \hline \boxed{} \end{array}$$

(4)
$$\begin{array}{r} 14 \\ - \ 3 \\ \hline \boxed{} \end{array}$$

(7)
$$\begin{array}{r} 21 \\ - \ 3 \\ \hline \boxed{} \end{array}$$

(2)
$$\begin{array}{r} 11 \\ - \ 7 \\ \hline \boxed{} \end{array}$$

(5)
$$\begin{array}{r} 15 \\ - \ 8 \\ \hline \boxed{} \end{array}$$

(8)
$$\begin{array}{r} 22 \\ - \ 4 \\ \hline \boxed{} \end{array}$$

(3)
$$\begin{array}{r} 17 \\ - \ 3 \\ \hline \boxed{} \end{array}$$

(6)
$$\begin{array}{r} 17 \\ - \ 6 \\ \hline \boxed{} \end{array}$$

(9)
$$\begin{array}{r} 20 \\ - \ 5 \\ \hline \boxed{} \end{array}$$

 **해 답**

1. 5까지의 수

p. 6

⑴

1-일, 2-이, 3-삼, 4-사.5-오

⑵

1 2 3 4 5

2. 6에서 9까지의 수

p.11

⑴

6-육, 7-칠, 8-팔, 9-구

⑵

6 7 8 9

p.12

⑴

⑵

⑶

⑷

⑸

⑹

⑺

⑻

⑼

⑽

p.16~17

⑴

1, 2. 3. 4. 5. 6, 7

⑵

9, 8, 7, 6, 5, 4, 3

(3)

이, 삼, 사, 오, 육, 칠, 팔

(4)

팔, 칠, 육, 오, 사, 삼, 이

p.18~19

(1) 2,4 (2) 5,8 (3) 5,6 (4) 2,4

(5) 5,9

(1) 삼,오 (2) 사,육,팔

(3) 육,칠,구 (4) 둘,다섯

(5) 일곱,여덟

3.수의 크기 비교

p.20

(1) 3 (2) 3 (3) 6 (4) 2 (5) 5

(6) 6 (7) 2 (8) 3 (9) 3 (10) 4

p.21

(1) 4 (2) 6 (3) 6 (4) 8 (5) 9

(6) 7 (7) 6 (8) 9 (9) 2 (10) 7

(11) 9 (12) 8 (13) 4 (14) 5

p.22~23

(1) 5 (2) 6 (3) 4 (4) 3 (5) 2

(6) 1 (7) 4

p.24~25

(1)－1－일   (6)－육－6

(2)－2－이   (7)－칠－7

(3)－3－삼   (8)－팔－8

(4)－4－사   (9)－구－9

(5)－5－오

p.26~27

(1) 둘째   (5)3번

(2) 여섯째   (6)5번

(3)셋째   (7)4번

(4)첫째   (8)3번

p.28~29

(1) 〉,(2) 〈 ,(3) 〉,(4) 〈,(5) 〈, (6) 〉

(7) 2, 3 (8) 1, 3 (9) 1, 2

p.30

(1)〈, (2) 〉, (3) 〈, (4) 〈, (5) 〉, (6) 〉

(7) 〉,(8) 〉, (9) 〉, (10) 〉, (11) 〈,(12) 〉

p.31

(1) 6, 7 (2) 7, 8, 9

⑴ 2, 4   ⑺ 4, 6

⑵ 6, 8   ⑻ 7, 9

⑶ 7, 9   ⑼ 6, 8

⑷ 3, 5   ⑽ 3, 5

⑸ 4, 6   ⑾ 1, 3

⑹ 1, 3   ⑿ 5, 7

⑴ 케이크, 피자

  ⑵ 시계, 로봇
⑶ 토끼, 닭

4.여러 가지 모양

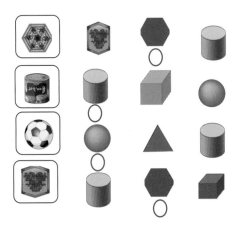

⑴ 세모 ⑵ 동그라미 ⑶ 세모

⑷공모양 ⑸ 세모

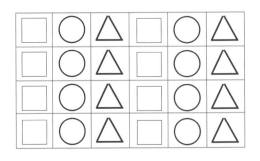

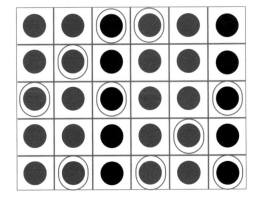

⑴

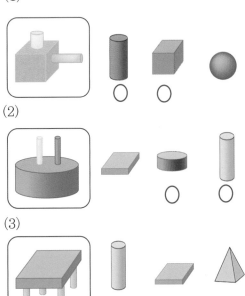

⑵

⑶

p.39

(4)

(5)

(6)

5.수 모으기

p.41

(1) 4   (2) 5   (3) 6

p.42

(1) 5   (2) 6   (3) 7

p.43

(1) 7   (2) 6   (3) 2

p.44

(1) 4   (2) 5   (3) 7

p.45

(1) 7   (2) 9   (3) 9

p.46

(1)

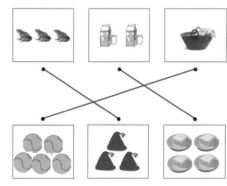

(2)

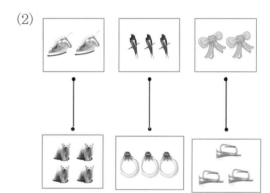

p.47

(1) 9 (2) 8 (3) 7

6.수 가르기

p.48

(1) 2, 4   (2) 2, 3

p.49

(1) 2, 2   (2) 2, 1

p.51

(1) 3   (2) 2   (3) 2   (4) 3

p.52

(1) 8   (2) 9   (3) 8

p.53

(1) 5, 3   (2) 2, 5   (3) 6, 3

p.54

(1) 4   (2) 2   (3) 3   (4) 7   (5) 2

(6) 2

다음 수를 두 수로 가를 수 있어요.

(1) (1,8). (2,7), (3,6), (4,5)

(2) (1,7), (2,6), (3,5), (4,4)

(3) (1,5), (2,4), (3,3)

p.55

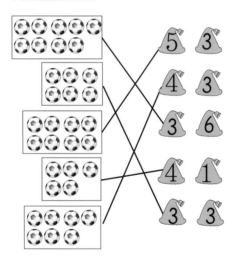

7. 덧셈하기

p.56~57

(1) 6   (2) 8   (3) 5   (4) 7   (5) 6

p.58~59

(1) 5   (2) 6   (3) 8   (4) 4   (5) 7

(6) 7

p.60~61

(1) 6   (2) 7   (3) 4   (4) 8   (5) 6

(6) 8

p.62~63

(1) 6   (2) 7   (3) 6   (4) 3   (5) 5

(6) 6

8. 뺄셈하기

p.64

6

p.65

(1) 3   (2) 4

p.66

(1) 4   (2) 4   (3) 3

p.67

(1) 3   (2) 2   (3) 5

p.68

4

p.69~70

(1) 3   (2) 2   (3) 5   (4) 5   (5) 2

(6) 4

p.71

(1) 4   (2) 2   (3) 4   (4) 2

p.72

(1) 4   (2) 5

p.73

(1)
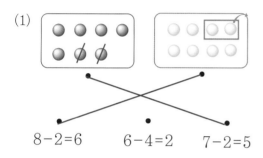

8−2=6   6−4=2   7−2=5

(2) 4개

p.74

(1) 6   (2) 5   (3) 4   (4) 3   (5) 2
(6) 3   (7) 2   (8) 1   (9) 4   (10) 5
(11) 1 (12) 2 (13) 3 (14) 4 (15) 3

p.75

(1) 4   (2) 5   (3) 6   (4) 7   (5) 3
(6) 5   (7) 4   (8) 3   (9) 2   (10) 1
(11) 2 (12) 3 (13) 4 (14) 5 (15) 1

p.76

(1) 5   (2) 4   (3) 3   (4) 2   (5) 1
(6) 1   (7) 4   (8) 2   (9) 1   (10) 3
(11) 3 (12) 2 (13) 1 (14) 5 (15) 6

p.77

(1) 6   (2) 5   (3) 4   (4) 3   (5) 2
(6) 3   (7) 5   (8) 4   (9) 6   (10) 2
(11) 2 (12) 3 (13) 4 (14) 5 (15) 6

p.78

(1) 1   (2) 4   (3) 2   (4) 5   (5) 3
(6) 6

p.79

(1) 6   (2) 2   (3) 5   (4) 4   (5) 4
(6) 7

p.80

(1) 1   (2) 4   (3) 2   (4) 5   (5) 3
(6) 6

p.81

(1) 6   (2) 2   (3) 5   (4) 4   (5) 4
(6) 7

9.덧셈과 뺄셈하기

p.82

(1) 13   (2) 11   (3) 12   (4) 11   (5) 11
(6) 15

p.83

(1) 10 (2) 9 (3) 13 (4) 7 (5) 9

(6) 7

p.84

(1) 13 (2) 11 (3) 12 (4) 11 (5) 11

(6) 15

p.85

(1) 1 (2) 4 (3) 4 (4) 5 (5) 7

(6) 6

p.86

첫째 8   둘째 8+2   셋째 10-3

p.87

(1) 4 (2) 5 (3) 6 (4) 7 (5) 3

(6) 5 (7) 4 (8) 3 (9) 2 (10) 1

(11) 2 (12) 3 (13) 4 (14) 5 (15) 1

10. 9 다음의 수

p.88

p.89

(1) 1, 3

(2) 1, 4

(3) 1, 2

p.90~91

(1) 8 (2) 9 (3) 7 (4) 8 (5) 9

(6) 7

p.92

(1) 2 (2) 4 (3) 24

p.93

(1) 2 (2) 3 (3) 15

(1) 2 (2) 11

p.94

(1)

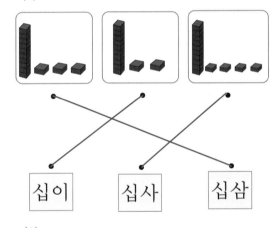

(2)

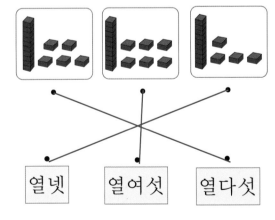

(1) 22 (2) 30

(3)

(4)

(5)

(1) 15   (2) 18 (3) 10

(1) 14   (2) 17 (3) 15

(1) 2, 7   (2) 3, 10 (3) 4, 18

(1) 6, 13, 20 (2) 8, 12, 23, 29

(3) 7, 13, 21 , 29, 35, 40

11. 9 이상 수의 덧셈과 뺄셈

(1) 16 (2) 16 (3) 16 (4) 16 (5) 21

(6) 19 (7) 21 (8) 23 (9) 26 (10) 28

(1) 18 (2) 16 (3) 16 (4) 21 (5) 19

(6) 21 (7) 23 (8) 18 (9) 20 (10) 21

(11) 21   (12) 19

(1) 19 (2) 24 (3) 22 (4) 19 (5) 15

(6) 22 (7) 25 (8) 16 (9) 18 (10) 25

(11) 25 (12) 18

(1) 17 (2) 15 (3) 18 (4) 18 (5) 17

(6) 20 (7) 22 (8) 18 (9) 21 (10) 17

(11) 24   (12) 21

(1) 3 (2) 9 (3) 12 (4) 6 (5) 11

(6) 15 (7) 12 (8) 12 (9) 14 (10) 16

p.105

(1) 7 (2) 7 (3) 6 (4) 12 (5) 8

(6) 12 (7) 12 (8) 5 (9) 11 (10) 11

(11) 8 (12) 10

p.106

(1) 19 (2) 24 (3) 22 (4) 19 (5) 15

(6) 22 (7) 25 (8) 16 (9) 18 (10) 25

(11) 25 (12) 18

p.107

(1) 17 (2) 15 (3) 18 (4) 18 (5) 17

(6) 20 (7) 22 (8) 18 (9) 25 (10) 17

(11) 24 (12) 25

12.세 수의 덧셈과 뺄셈

p.108

(1) 14 (2) 10 (3) 10

p.109

(1) 13, 8, 8 (2) 13, 13, 8

(1) 5 (2) 3 (3) 7 (4) 10 (5) 6

(6) 8 (7) 6 (8) 6 (9) 1 (10) 6

p.111

(1) 1, 3, 3 (2) 1, 1, 3

(1) 9 (2) 6 (3) 9 (4) 8 (5) 6

(1) 7 (2) 8 (3) 7 (4) 8 (5) 9

p.113

(1) 1, 3, 3 (2) 1, 1, 3

(1) 9 (2) 6 (3) 9 (4) 8 (5) 6

(6) 7 (7) 8 (8) 7 (9) 8 (10) 9

p.114

(1) 16, 16

p.115

(1) 2 (2) 3 (3) 23

p.116

23, 23, 23

(1) 31 (2) 22 (3) 36 (4) 20 (5) 27

(6) 18 (7) 33 (8) 22 (9) 22

p.117

7, 7, 4

(1) 7 (2) 4 (3) 14 (4) 11 (5) 7

(6) 11 (7) 18 (8) 18 (9) 15

새편집입학준비

수학 처음 배우기

초판 발행 2020년 10월 20일

글 편집부

펴낸이 서영희 | **펴낸곳** 와이 앤 엠

편집 최성원

그림 정수영

본문인쇄 신화 인쇄 | **제책** 세림 제책

제작 이윤식 | **마케팅** 강성태

주소 120-100 서울시 서대문구 홍은동 376-28

전화 (02)308-3891 | Fax (02)308-3892

E-mail yam3891@naver.com

등록 2007년 8월 29일 제312-2007-00004호

ISBN 979-11-971265-3-6   63710